Ulla Kugler
Die Sozia, die sich was traute

Ulla Kugler

Die Sozia,
...die sich was traute

Von Mädels, Männern und Maschinen

©2016 by Ulla Kugler

Alle Rechte vorbehalten. Kein Teil dieses Buches darf ohne schriftliche Genehmigung der Autorin vervielfältigt oder verbreitet werden. Unter dieses Verbot fällt insbesondere auch die gewerbliche Vervielfältigung per Kopie, die Aufnahme in elektronische Datenbanken und die Vervielfältigung auf CD-ROM.

Fotos: Alexander Schürt
Gestaltung: Grafikdesign Steinebach

Herstellung und Verlag: BoD – Books on Demand, Norderstedt

ISBN: 978-3-7431-1757-0

Nehmt Platz…

Inhalt

Vorwort

Teil I: Wie alles begann

1. Willi auf Sardinien
2. Sie will mich nicht
3. Im Land der Elche
4. Die Gepäckfrage
5. Der dänische Prinz
6. Auf vier Beinen
7. Mofaerfahrung
8. Die Gene
9. Selber fahren, aber was?
10. Eine Maschine muss passen
11. Die ersten Übungen

Teil II: Unterwegs auf drei Rädern

12. Die erste Ausfahrt
13. Ein Hotel, das es in sich hat
14. Fatale Kirschweinfolgen
15. Alpen-Tour mit Föhnwelle
16. Aufs Navi ist Verlass
17. Jugendliebe
18. Begegnung mit einem Troll
19. Fotosession

Teil III: Geht's noch?

20. Der Führerschein
21. Weiße Lady Nummer zwei
22. Geile Kurven
23. Fahrzeugverkauf Teil 1
24. Unterwegs mal so mal so
25. Die Alptraum-Annonce
26. Die Rache
27. Fahrzeugverkauf Teil 2
28. Bella figura
29. Verkleidung

Teil IV: Und jetzt erst richtig!

30. Weiße Lady Nummer drei
31. Das stille Örtchen
32. Ich hasse Schotter
33. Ausblick

Danke

Vorwort

Die folgenden Gedanken widme ich allen Frauen, die nicht ganz gleichgültig an einem Motorrad vorbeigehen. Sie bewundern unter Umständen die harmonische, Kraft strotzende Optik, sie träumen vielleicht davon, einmal auf der Rückbank Platz zu nehmen, sind eventuell schon Sozia oder fahren bereits eine eigene Maschine und haben ebenfalls eine persönliche Geschichte, eine Motorrad-Vita sozusagen.

Mädels, ich bin fast sicher, dass eure Geschichte viel mehr mit Gefühlen zu tun hat, als die der männlichen Biker! Vielleicht erlebt ihr das Abenteuer „Motorradfahren" deshalb noch intensiver, vielfältiger und nachhaltiger! Das wäre prima! Mir ging es dabei, wie folgt: ….

Stopp! Sollte sich doch vielleicht ein männlicher Leser auf diese Seiten verirrt haben, so zolle ich ihm Respekt! Er ist zumindest wohltuend neugierig. Vielleicht interessiert ihn aber auch die Sichtweise seiner Passion aus einem anderen, dem weiblichen Blickwinkel? Oder liest er in der Absicht zu „beweisen", dass dieses „harte Männerhobby" ja wohl doch nichts für Frauen ist?

„Haben diese Emanzen nichts Besseres zu tun, als sich auch noch bei uns einzumischen?", könnte er denken.

Oder ist er offen und aufgeschlossen wie ein moderner, toleranter Mann, der bereit ist, die Gefühle seiner Partnerin zu akzeptieren? Wäre es so, Glückwunsch! Du wärst der eigentlich coole Boy! Langfristig hättest du sicher mehr Erfolg bei den Frauen als dein Machokollege!

Dann möchte ich auch dir erzählen, welche Gedanken mich dazu trieben SFin (Selbstfahrerin) zu werden und welche kleineren und größeren Klippen ich dabei zu bewältigen hatte.

Inzwischen fahre ich selber Motorrad. Im Jahr zirka 18.000 Kilometer. Ich fahre nicht, weil es meine bessere Hälfte von mir erwartet. So mag es vielleicht einigen von euch ergehen. Das wäre ein klein wenig schade. Der Genuss wäre dann eventuell etwas getrübt und es könnte zu Fahr- (und Beziehungs- ?) Stress kommen.

Ich fahre auch nicht, weil es zum guten Ton gehört oder ein Modetrend ist. Nein, ich fahre, weil es mir riesigen Spaß macht und weil man mit diesem Hobby sich selber noch einmal fordern kann. Natürlich auch, um einzigartige Landschaften hautnah zu erleben, interessante Kontakte zu knüpfen und flexibel zu bleiben.

Euch Mädels sei gesagt: Gebt nicht auf! Bleibt beharrlich am Ball! Selber Motorrad fahren ist eins der schönsten Hobbys, die es gibt! Und vor allem: Es ist keine Altersfrage!

Aber: Wie fing bei mir eigentlich alles an?

Wie alles begann

1. Willi auf Sardinien

Spontan fällt mir Sardinien ein und Willi mit seiner wunderschönen Harley Road King. Eigentlich war *er* es schuld! Aber dazu später mehr.

Vor einigen Jahren hatten mein Mann Thomas und ich einen Sardinien-Bike-Urlaub gebucht. Über einen Veranstalter wurden Motorradtransport, damals eine BMW R 1200 RT, Flug, Rundtour mit Hotelübernachtungen und Roadbook für´s individuelle Fahren organisiert. Insgesamt eine runde Sache, zumal wir nach nur zwei Stunden Flug von Köln nach Olbia um 8 Uhr morgens gleich auf der eigenen Maschine (ich damals als Sozia) Land und Leute erkunden konnten.

Die Straßen auf Sardinien waren bestens zu fahren, da Italien aus EU-Mitteln kurz zuvor auf der Insel eine Komplettsanierung in Sachen Straßen und Brückenbau durchgeführt hatte. Die Ausblicke waren grandios und Thomas in seinem Kurvenelement. Eigentlich war keine Straße gerade, zumindest nicht für eine längere Strecke.

Aber Schräglagen sind für den echten Biker halt das Salz in der Suppe. Einziger Nachteil für die Sozia: Sie sitzt bei der BMW (noch extremer ist es ja bekanntlich bei den Sportmaschinen) höher als der Fahrer und schwebt daher bei Bergstrecken entweder bedrohlich über dem Abgrund oder ihr Kopf kommt der Felswand gefährlich nahe. (Zumindest gefühlt!)

Nein, liebe Leserin, ich bin kein Angsthase und vertraute als Sozia von Beginn an bis heute der guten Fahrweise meines Mannes. Es war für mich nur nicht ganz entspannt.

Und dann trafen wir im vorletzten Hotel Willi mit seiner Harley. Das heißt, zunächst traf unsere BMW die cremefarbene, mit weinrot abgesetzte Schönheit aus Milwaukee, indem Thomas seine Maschine bewusst neben die einzige andere auf dem Hotelparkplatz in entsprechende Parkposition brachte.

Beim Abendessen ging dann bei uns das Rätselraten, besser gesagt das Erforschen los, wer denn zu dieser extravaganten Harley passen könnte. Ein Pärchen kam in Frage; doch nein: zu langweilig gekleidet. Ein jüngerer Mann; nein, zu diesem würde eher eine Sportmaschine passen. Auch die anderen Gäste des Hotels kamen nicht in Frage, da ihnen jegliche sportliche Ader oder potentielle Abenteuerlust zu fehlen schien.

Allen – außer einem Herren mittleren Alters, der in einer Ecke saß, sehr geschmackvoll aber nicht übertrieben gekleidet war und … extrem genussvoll sein Abendessen zu sich nahm. Das war Willi, der Genießertyp, der Harleyfahrer.

Am nächsten Tag kam man an den Maschinen ins Gespräch und er bot mir an, einmal als Sozia auf seiner Harley mitzufahren. Wow! Nach dem Frühstück war es soweit: Ich bestieg ehrfurchtsvoll mit extra hohem Beinschwung den Rücksitz, um bloß keinen Gummistreifen meiner Schuhe auf dem hellen Lack zu hinterlassen.

Und dann ging es los. Ich sage nur: „Good Vibrations". Natürlich eine extreme Umstellung von einer Flüster-BMW mit Schwebetouch zur Maschine, auf der man die Kolben vibrieren fühlt.

Dazu kam das eigentliche Sitzgefühl! Man sitzt im Gegensatz zur BMW fast auf der Straße, aber wie in einem Relaxsessel, geschützt und gestützt durch die Sissy-Bar. Wir fuhren los. Später meinte Thomas, er sei sein ganz normales Fahrtempo gefahren. Der Unterschied: Bei der Harley sah es sehr gemütlich aus. Und dann die erste Bergkurve nach rechts! Ich sah sie kommen, sie schwebte vorbei, aber die Sozia ließ der Abgrund diesmal einfach kalt! Dank der tiefen Sitzposition hatte man Fahrerfeeling. Fahrerfeeling? Hört, hört!

Beim Absteigen mein Fazit zu meiner besseren Hälfte: „Liebling, wir brauchen eine Harley!"

2. Sie will mich nicht

Nach unserer Begegnung mit Willi war für mich klar: Wir brauchen eine Harley! Thomas sah das ganz anders. Als überzeugter BMW-Fahrer war Harley-Fahren nur die pure Schau. Das habe er überhaupt nicht nötig, so seine Reaktion auf meine „Spinnerei". Schließlich biete BMW mit einer ausgefeilten Technik höchsten Komfort für den Fahrer, sei eine solide deutsche Marke und außerdem einigermaßen bezahlbar. Und wo bleibe ich?

Aber: Steter Tropfen höhlt den Stein und seine geliebte Internetrecherche ließ ihn zumindest mit dieser „exotischen" Materie amerikanischer Erfolgsgeschichte Kontakt aufnehmen. Und schließlich hatte er ja das Bestreben, mich in dem Hobby auf zwei Rädern bei der Stange zu halten.

Also wurden im Netz die ersten Informationen eingeholt: auf der Harley-Homepage, um sich einen Überblick über die Modelle zu beschaffen, in den abonnierten Motorradzeitschriften, wenn denn mal über eine Harley berichtet wurde, und auf seinen häufig kontaktierten Plattformen ebay und motorscout24.

Da man sich ja nicht nur per Bildschirm informieren sollte, stand bald auch ein Besuch beim örtlichen Harley-Händler an, wo man bepackt mit den geschmackvollsten Prospekten wieder die Heimreise antrat. Und diese Druckwaren zeigten ganz deutlich: Harley-Fahren ist kein normales Motorradfahren – nein, ein „gelebter Traum, eine absolut individuelle Lebensverwirklichung". So die clever angelegte Werbemasche der Amerikaner.

Und flugs kam zu Hause am Schirm ein Angebot herein, dem man nicht widerstehen konnte: eine wenig gefahrene, in verschiedenen weinroten Farbtönen metallisch schimmernde Road-King – allerdings beheimatet in Luxemburg.

Und nun kam Hartmut ins Spiel, der überzeugte Harley-Fan. Per Zufall kam ein Kontakt zu ihm zustande und wir wurden von ihm in die Geheimnisse einer anderen Motorradwelt eingeführt. Nein, Harley-Fahren sei kein normales Zweiradfahren – Harley-Fahren sei ein Lebensgefühl, plädierte Hartmut über sein aufwendiges Hobby. Wir lauschten fasziniert und andächtig. Wow! Das klang einfach gut.

Sodann fuhr Thomas mit Hartmut als Fachmann und Berater nach Luxemburg, um das angebotene „Schnäppchen" zu begutachten. Nach unzähligen Umrundungen und Kniebeugen, um die weinrote Schönheit ganz genau ins Visier zu nehmen, ließ der Besitzer sie dann „erklingen". Und spätestens hier, liebe Mädels, zeigt sich offenbar der Unterschied zwischen den Geschlechtern.

Wir würden rein sachlich bemerken: „Oh je, ist die laut!"

Der Männerwelt dagegen entspringt den Lippen nur ein Wort: „Geil!"

Nach einer Probefahrt und noch letzten Preisverhandlungen bei der x-ten Tasse luxemburgischen Kaffees wurde die rote Zora dann in den vorsorglich mitgebrachten Anhänger verladen und in die heimischen Gefilde transportiert. Käufer und Berater waren in Hochstimmung, hatten sie doch offensichtlich ein Schnäppchen gemacht.

Zuhause angekommen wurde die rote Lady endlich aus ihrem Dornröschenschlaf in dem geschlossenen Anhänger befreit und in die heimische Garage gestellt. Zunächst war geplant, die Nachbarschaft im Dorf nicht an der „Inbetriebnahme" teilhaben zu lassen, um sich erst einmal in Ruhe zu überlegen, wie man diese „Verrücktheit" am besten begründen könne.

Also hieß es beim Abladen und Einstellen: „Bloß keinen Lärm machen!"

In der Garage hatte Thomas dann die Idee: „Komm, setz dich doch mal drauf!"

„Nun ja, warum nicht?", dachte ich mir und fasste beherzt das Eisen an. Unmittelbar ging es los!

Ohrenbetäubend gab die Maschine von sich: „Pieeeep, pieeeep, pieeeep…" Alarm!

Wieso nur? Thomas hatte ausgerechnet den Reserveschlüssel mit einer inzwischen offenbar komplett entleerten Batterie erwischt, sodass der Sicherheitsalarm ausgelöst wurde. Mit dem Hauptschlüssel in der Hosentasche wäre nichts passiert. Was tun? Es musste ja schnell gehen, damit die Abendruhe der Nachbarschaft nicht vollends gestört wurde.

Die Harley hielt sich aber nicht daran: „Pieeeep, pieeeep, pieeeep …"

Also erstens: Hauptschlüssel gesucht - momentan nicht aufzufinden.

Unterdessen: „Pieeeep, pieeeep, pieeeep …"
Zweitens: Betriebsanleitung auftreiben, um manuell den Alarm auszuschalten. Wo mag sie sein? Aha, beim Kaufvertrag in der Wohnung! Für mich bedeutete dies: Lossprinten! Tür auf! Treppe hoch! Gefunden! Zurück! Lesen! Brille fehlt, da Schrift zu klein! Brille suchen! Wo ist Brille? Klar, in der Wohnung! Lossprinten! Tür auf! Treppe hoch! Brille gefunden! Zurück! Schweißperlen sammelten sich auf der Stirn der sportlichen Sozia. Lesen und dabei kapieren!

Parallel: „Pieeeep, pieeeep, pieeeep …"

Drittens: Persönlicher Code ist nötig! Wo mag er sein! Aha, beim Kaufvertrag! Ist in der Wohnung! Folglich: Lossprinten! Tür auf! Treppe hoch! Suchen! Zurück!

Weiterhin: „Pieeeep, pieeeep, pieeeep ..."

Meine Atmung flatterte, meine Stirn war inzwischen schweißbedeckt. Sind die Nachbarn jetzt aus dem Fernsehsessel gefallen?

Viertens: Nochmals Betriebsanleitung lesen, da Abfolge zum Ausschalten des Alarms zum Behalten zu kompliziert ist.

„Pieeeep, pieeeep, pieeeep ..."

Persönlichen Code in einer festgelegten Folge mit Sonderzeichen eingeben! Vertippt!

„Pieeeep, pieeeep, pieeeep ..."

Zweiter Versuch! Die Finger zittern! Kommt jetzt die gesamte Nachbarschaft dazu? Eintippen - und ...... Stille! - Kein Pieeeep mehr! Geschafft! Heute blieb wider Erwarten die Nachbarschaft zu Hause; für morgen muss man sich etwas einfallen lassen!

Mein Fazit: Mädels, das war für mich ein Zeichen! Eine Harley will mich nicht auf ihrem Sattel haben. Besser: *diese* Harley nicht. Zumindest nicht als Selbstfahrerin. Aber für mich als Sozia ist sie eben doch saubequem!

3. Im Land der Elche

Wenn ich jedoch rückblickend genauer darüber nachdenke, war nicht Sardinien Auslöser für meine Ambitionen mich motorradmäßig zu emanzipieren, sondern wenige Monate zuvor: Norwegen! Ein Land, das zu beschreiben fast sprachlos macht! Thomas und ich hatten bis dato schon manche Länder bereist, aber Norwegen setzte allen die Krone auf!

Obwohl wir damals nur den Süden des viel größer als gedachten Landes erkundeten, bekamen wir den Geschmack der grandiosen Landschaft zu spüren mit schroffen Küsten, tiefen Fjorden, verwunschenen Hochebenen, gigantischen Wäldern und sanften Tälern. Mittendrin immer wieder Wasserfälle. Norwegen, ein Land des Wassers, der Wälder und der Felsen.

Und wir ameisenähnlich auf zwei Rädern über super Straßen im Nirgendwo unterwegs in einem Land, in dem man nach jeder Kurve anhalten und einzigartige Fotos machen könnte! Wie viele Bilder haben wir leider nicht gemacht, um überhaupt voran zu kommen!

Gut, als Sozia hatte ich trotzdem schnell die Kamera zur Hand und konnte die schönsten Motive zur Erinnerung einfangen. Einen Elch haben wir zwar in natura nicht angetroffen, dafür aber etliche Schafe, die am Ende eines Tunnels munter die Straße kreuzten.

Wegen der Ruhe ausströmenden Landschaft und der wohltuenden Lebenseinstellung der Norweger ticken hier die Uhren ein Stück langsamer als im hektischen Deutschland. Das Leben läuft besinnlicher ab, weniger aufgeregt und daher fließt auch der Verkehr gemütlicher. Das heißt: „Verkehr" gibt es nicht, höchstens einmal punktuell in größeren Städten. Auf dem Land ist man vorwiegend allein unterwegs, hat sich aber in sehr kurzer Zeit die gemütliche Fahrweise angewöhnt. Schließlich gilt es ja, die einzigartige Landschaft möglichst intensiv mit allen Sinnen wahrzunehmen.

Und eines Tages beim Dahingleiten kam es mir in den Sinn: „Eigentlich ist nur hinten sitzen ziemlich langweilig!"

Zudem ist man als Sozia an eine starre Sitzposition „gefesselt", bei der sich irgendwann die Muskeln und Gelenke beschweren.

Vom Gefühl her könnte ich die Kurven durchaus auch selber bewältigen, schließlich fuhr ich in Gedanken wie auch beim Autofahren als „schlechter" Beifahrer auf dem Motorrad immer mit. Sollte mal ein Überholvorgang nötig sein (aber wie gesagt, es war ja kaum jemand unterwegs), so schätzte ich automatisch den Überholweg ein, beschleunigte innerlich synchron mit meinem Partner die Maschine und scherte anschließend entsprechend wieder ein.

„OK", dachte ich mir, eine schwere BMW käme nicht in Frage, aber es gibt ja noch andere Typen und Modelle.

Nächster Gedanke: Was darf ich denn überhaupt an Freiluftfahrzeugen fahren? Aha, diese neumodischen Quads zum Beispiel. Machen mächtig viel Krach und kippen leicht um, so war damals meine Meinung, beruhend auf subjektiven Erfahrungsberichten einiger Bekannter.

Neuer Gedanke: eine 125er; mit meinem Dreier-Führerschein durchaus eine Perspektive. Thomas fing sein Motorradleben mit eben solcher an, bis er es leid war, am Berg von Autos überholt zu werden. Außerdem: Eine 125er Maschine und eine BMW 1200 passen einfach nicht zusammen. Schade!

4. Die Gepäckfrage

Auf den Geschmack des Motorradreisens überhaupt kam ich allerdings schon zuvor in der Toskana. Bis dato war es ein Mitfahren bei Halb- oder Tagestouren. Reisen bedeutet wahrlich etwas anderes! Ich sage nur: die Gepäckfrage! Für uns Mädels ein nicht unwichtiger Aspekt!

Thomas und ich beschlossen ein Jahr vor unserer Sardinientour, während des Herbstes die Toskana zu bereisen. Da aus der Mitte Deutschlands die Anreise mit zirka 1.000 Kilometern sehr weit ist und es unsicher war, ob man zu dieser Jahreszeit noch ohne Schnee über die Alpen kommen würde, lud Thomas kurzerhand seine BMW in den Anhänger und wir fuhren auf vier Rädern plus Anhang ins sonnige Italien.

Auf einem „agriturismo" hatten wir eine Ferienwohnung gemietet und der „nonno" (Großvater), ein liebenswürdiger älterer Herr der Landwirtschaft, interessierte sich natürlich, was der geschlossene Anhänger für ein Geheimnis in sich barg.

Nach Öffnen der Rampe - wir hatten derweil ein ziemlich schlechtes Gewissen wegen des sozialen Unterschiedes seiner und unserer Fahrzeuge (wahrscheinlich eine typisch deutsche Eigenschaft) - bestaunte er mit großen Augen, dann aber hocherfreut, unsere Maschine. Er half uns beim Abladen und erzählte engagiert, aber rücksichtsvoll in langsamem Sprechtempo von seinen eigenen Motorradabenteuern auf einer Vespa. Gott sei Dank konnten wir im Ansatz wegen einiger Italienisch-Kurse seine Erinnerungen nachvollziehen. Von Sozialneid zeigte der alte Herr absolut keine Spur! In dieser Hinsicht ticken die Italiener Gott sei Dank anders als die meisten Deutschen.

In den Folgetagen durchfuhren wir die Toskana in alle möglichen Richtungen und erfreuten uns an der hügeligen, mit den typischen Zypressen bewachsenen Landschaft „des weichen Lichts". Eindrucksvoll präsentierten sich die historischen Städte wie Volterra und San Gimignano mit ihren monumentalen Türmen und den engen Gassen voller merkantilem Treiben.

Beeindruckend natürlich auch Pisa mit seinem schiefen Turm und Touristenströmen aus aller Welt. Besonders erfreulich ist in Italien, dass man als Motorradfahrer seine Maschine oft nahe an den historischen Sehenswürdigkeiten parken kann, bei heißem Wetter sicher ein Stück Erleichterung.

Nachdem wir auf diese Weise bei mehreren Tagestouren die unvergleichliche Toskana kennen- und schätzen gelernt hatten, studierten wir die Landkarte, um ein Ziel für den Folgetag auszusuchen. Die Hafenstadt Piombino, zirka 40 Kilometer entfernt, hatten wir bereits gestreift und den dortigen Fährhafen fasziniert besichtigt.

Beim Blick auf die Karte schien ein Ziel in erreichbarer Nähe zu sein: Elba. Schnell wurde aus der Idee ein Entschluss und wir planten den Besuch dieser kleinen, aber herausragenden Insel im Mittelmeer genauer. Klar war: Für nur einen Tag lohnte der Besuch nicht wirklich. Mit Hin- und Rückfahrt über Land sowie den beiden Fährfahrten würden nur wenige Stunden für den Aufenthalt übrig bleiben.

Also wagten wir eine Übernachtung. Schnell wurde deutlich: Für jeden bliebe nur *ein* Seitenkoffer für das Gepäck. Ungewohnt, konnten wir doch in den letzten Jahren mit unserem nicht so ganz kleinen Auto für den Urlaub ohne

Beschränkung mitnehmen, was wir wollten. Auf einmal musste man sich Gedanken machen über das Gepäck!

Wohin nur mit dem Schminkkoffer?? Und wäre man an den beiden Tagen auch gegen alle Wetterkapriolen gut gerüstet? Es könnte ja kalt, heiß oder nass werden!

Nein, diese Gedanken verflüchtigten sich ziemlich schnell beim Anblick der 16 Liter Gepäckkapazitäten pro Person. Das sind ja mal nur anderthalb Eimer voll. Die wären ja schon mit einem Kuschelkissen ausgefüllt!

Aber was uns Frauen die Männerwelt nicht zutraut: Mit kleinem Kulturbeutel, variabler Kleidung im Zwiebelsystem und mit den neuen ultraleichten Stoffen für Jacken und Hosen ließ sich ein Minimalpaket schnüren, um eine zweitägige Inselrundreise zu absolvieren. Die „vakuumierte" Fleecedecke und Badetücher inklusive!

Mit Stolz stellte ich nach dem Packen fest, dass ich mich doch tatsächlich mehr beschränken konnte als meine bessere Hälfte! Das gab Hoffnung!

Morgens früh ging es also bei strahlendem Sonnenschein Richtung Küste und auf die Fähre zur Isola d´ Elba. Weit und breit waren wir die einzigen Motorradfahrer, da im Herbst die Touristenströme versiegen. Entsprechend wurden wir fast als Exoten bestaunt.

Und dann kam das Wunder: Bereits die Einfahrt in den Hafen Portoferraio war bombastisch. Die mächtige Festung thronte über der Altstadt, das Weiß der Jachten spiegelte sich im sanft wellenden Meer. Die bunten Fischerboote dümpelten nach ihrer morgendlichen Fangfahrt am Pier. Und im Hafenbereich herrschte das geschäftige Treiben der Einheimischen.

Nach einer Orientierungsfahrt durch die betriebsame Hafenstadt lenkte Thomas seine Maschine stadtauswärts in

Richtung Monte San Martino. Natürlich besuchten wir Napoleons Haus, in dem er knapp ein Jahr in der Verbannung lebte. Eindrucksvoll, so nahe an der Geschichte zu sein.

Doch letztlich in Erinnerung behielten wir von Elba die Küstenstraßen mit ihren immer wieder neuen Ausblicken auf malerische Buchten. Höhepunkt war sicher der Blick, den wir bei Nacht vom Balkon unserer Pension auf das Meer hatten, in dem sich der Vollmond mit weißem Licht spiegelte. Bei einer Flasche Rotwein und Cantuccini saßen wir noch lange in der milden, nach Eukalyptus riechenden Luft und wunderten uns, mit wie wenig Gepäck das Reisen auf einem Motorrad möglich war. Irgendwie hatte es etwas von ballastfreiem Reisen – ein Reduzieren auf das Wesentliche. Ein gutes Gefühl! Der Anfang war gemacht!

5. Der dänische Prinz

Soziafeeling war mir damals allerdings nicht mehr ganz neu. Thomas´ Motorrad-Leidenschaft begann nicht mit den großen Tourenmaschinen sondern klein und bescheiden. Eines Tages bot ihm nämlich ein Nachbar seine 125er Suzuki an, da er selber nicht mehr fahre.

„Warum nicht?", überlegte meine bessere Hälfte, „Fahren darf ich diese ja mit meinem Dreier." (Für alle Jüngeren: So hieß früher der Autoführerschein.)

Gesagt, getan, gekauft. Klappte auch ganz gut. Einziger Nachteil: Am Berg überholten ihn mangels Power die anderen Verkehrsteilnehmer. Das kratzte natürlich am männlichen Ego. Da hieß es für ihn: aufgeben oder Motorradführerschein machen.

Er entschied sich für das Letztere und büffelte noch mal Theorie und übte Praxis. Nach bestandener Prüfung erwarb er eine schwarze Yamaha EN Chopper mit Satteltaschen im Westernstil.

Diesmal war ich es, die spontan ausrief: „Wow!"

Alles erinnerte mich irgendwie an meine langjährige Zeit als Reiterin. Sogar das Sitzgefühl war ähnlich wie auf meinem damaligen Pferd!

Wir cruisten durch den Westerwald und die Eifel und nahmen die Maschine auf dem Anhänger auch mit nach Dänemark in Urlaub. Gut, gut, es ist nicht unbedingt das klassische Motorradreiseziel, aber wir hatten ja zuvor auch einen Strand-, Wander- und Fahrradurlaub geplant.

Das Fahren im Land der Wikinger war wunderschön erholsam, da wir fast die einzigen auf zwei Rädern waren. Auch sonst glänzte Dänemarks Nordwesten durch leere Straßen, sogar zur deutschen Urlaubszeit.

Das erste Verliebtsein ins Zweirad mit Thomas als Biker erwachte wie folgt: Wir hatten in der Nähe von Vorupoer ein Ferienhaus gemietet und von dort aus vielfältige Wandertouren unternommen. Wandern auf Schusters Rappen, meine ich. Besonders reizvoll war natürlich immer der Gang am Strand entlang, besonders bei einer kräftigen Brise. Gegen den Wind marschieren war herrlich und gesund! - Und anstrengend!

Nachdem wir einige Kilometer gelaufen waren, stand dann die Querung durch die Dünenlandschaft an. Rauf und runter, runter und rauf durch teilweise tiefen Sand; unser Ferienhaus lag einige Kilometer von der Küstenlinie entfernt. Ich muss dabei sagen, eigentlich habe ich eine gute Kondition. Aber aufgrund von suboptimalem Schuhwerk beschwerten sich meine Muskeln irgendwann zwischen Hügel acht und neun.

„Ich kann nicht mehr", seufzte ich zu Thomas.

Und dann ging es weiter wie im Märchen! Mein Ehegatte stiefelte los Richtung Ferienhaus, setzte sich dort auf seine Yamaha und kam mir auf einem kleinen Feldweg, der in der Nähe vorbeiführte, entgegen. Da war er: mein Retter, mein Prinz mit seinem schwarzen Ross! Er zog mich zu sich auf den Sattel. Na ja: Ich bestieg aus eigenen Kräften den Rücksitz. Und er ritt mit mir los zu seinem Schloss! Dort trug er mich auf sein Lager und …. Übersetzt: Am Ferienhaus stieg ich ab und fing an, das Abendessen zu kochen.

Dennoch, ihr Mädels: Wollt ihr Romantik pur erleben, so vertraut euch ruhig der Motorradszene als Sozia an. Vielleicht begegnet ihr auch eurem Traumprinzen, der euch auf dem Rücken seines motorisierten Pferdes mitnimmt zu neuen Abenteuern und in sein Traumschloss!

Zum Träumen ist es nie zu spät!

6. Auf vier Beinen

„Das höchste Glück der Erde liegt auf dem Rücken der Pferde!"

Dieses Motto begleitete mich seit meinem achten Lebensjahr und ist mir bis heute treu geblieben. War rund vier Jahrzehnte jeweils *eine* Pferdestärke Grundlage für das so beschriebene Glück, entwickelte sich meine Neigung im Anschluss daran in Richtung einer ganzen Pferdeherde. Statt *einem* PS hatte ich auf einmal 54 und als Sozia bis zu 110 unter dem Sattel.

Das eine habe nichts mit dem anderen zu tun, meint ihr? Da muss ich entschieden widersprechen. Klar gibt es Unterschiede, aber wesentliche Gemeinsamkeiten prägen sowohl die Reiterei als auch das Motorradfahren. Da wäre zunächst einmal die Haltung: Man sitzt möglichst entspannt rittlings auf einem Sattel, nimmt die Knie locker heran und versucht, eine bestimmte Wegstrecke genussvoll zu bewältigen.

Mein alter Reitlehrer prägte als ehemaliger Kavallerist schon das Schlagwort: „Sitz richtig im Pferd drin!"

Auch Bernt Spiegel beschreibt dieses Sitzgefühl *im* Motorrad in seinem lehrreichen Buch „Die obere Hälfte des Motorrads" als wichtige Grundlage, um mit der Maschine ein sicheres und entspanntes Fahren zu erreichen.

Nächste, absolut wichtige Gemeinsamkeit beim Reiten und Zweiradfahren ist das Verlagern des Gewichts. Nur wer es vermag, in Kurven den Schwerpunkt zu verlagern, ist in der Lage, ohne Herunterzufallen oder Auszubrechen mit Pferd oder Maschine eine Kurve zu bewältigen.

Das Lenken wird in beiden Fällen sowohl mit den Händen und Armen aber, wie bereits angesprochen, auch mit dem ganzen Körper durchgeführt. Dabei brauchen Tier und Maschine jeweils sehr sensible Reiter, denn mit ruckartigen Bewegungen protestieren beide und verweigern die Mitarbeit!

Sensibilität ist ebenfalls beim Beschleunigen und Verzögern angesagt. Das Pferd reagiert äußerst feinfühlig auf Schenkel und Zügelhilfen, aber auch das Motorrad „gehorcht" dem sensiblen Fahrer einfach besser. In dieser Hinsicht sind wir Mädels ja sowieso vom Charakter den Jungs überlegen; wir haben einfach von Anfang an „das richtige Händchen". Gut, dafür haben die Jungs meist mehr Kraft und mehr Risikobereitschaft. Jedem das Seine.

Erwähnt sei hier aber auch das Besteigen des Rosses. Gerade bei einem Motorradtreff oder an einer Eisdiele empfiehlt es sich, bei der Menge an zwar gelangweilt aussehenden, aber heimlich enorm interessierten Zuschauern, möglichst elegant auf sein Gefährt zu steigen. Mir war vergönnt, dies jahrzehntelang mit dem Pferd zu üben. Dies sei also eigentlich ohne Probleme auch mit dem Stahlross machbar, dachte ich.

Wäre da nicht das Topcase im Weg! Bei den ersten Versuchen mit dem gewohnten Reiterbeinschwung über die „Kruppe" (das ist das Hinterteil beim Pferd) zu schwingen, blieb das rechte Bein dann logischerweise am besagten Gepäckkoffer hängen. Wie peinlich! Aha, falsche Technik, ging es mir also durch den Kopf.

Schauen wir doch mal, wie es die anderen Beifahrerinnen machen. Oha! Gar nicht so einfach! Und manche Versuche sahen ebenfalls äußerst mühselig aus. So ein Bild wollte ich auf keinen Fall abgeben. Also wurde vor der heimischen Garage geübt. Dabei ergaben sich mehrere Varianten:

Fall eins als Sozia: Das Topcase, das ist der Metall-, Kunststoff- oder Textilkoffer hinter der Rückbank, ist abgebaut und allenfalls die Sissybar, das ist eine kleine Rückenlehne, montiert. Noch einfacher ist es ohne die Rückenstütze. Hier kannst du den Reiterbeinschwung durchaus durchführen, wenn du auf der linken Fußraste stehst. Wie beim Pferd heißt es auch beim Stahlross: Nach dem Schwung ein sanftes Abgleiten auf den Sattel; das nützt zwar de facto nur dem Rücken eines Pferdes, der Motorradfederung ist es egal. Aber es wirkt auf Zuschauer wesentlich eleganter! Und das zählt!

Fall zwei: Das Topcase beschränkt den Beinschwung als unüberwindbares Hindernis. Nun heißt es für euch Mädels zunächst besser einmal einen Gymnastikkurs zwecks Beweglichkeit belegen! Seid ihr dann einigermaßen trainiert, so stellt ihr das linke Bein auf die Beifahrerfußraste, federt kurz mit dem rechten Standbein ab, bevor ihr euch mit diesem extrem stark, aber trotzdem elegant abdrückt, fasst mit den Armen dabei die kräftigen Schultern eures Ritters, verlagert euer Gewicht bereits über das Motorrad und schwingt dann bei gleichzeitigem extremen Anwinkeln des rechten Beines mit Fußspitze dasselbe durch die Lücke zwischen Fahrerrücken und Topcase! Weiche Landung wie oben. Geübt sieht diese Variante göttlich aus!

Ungeübt kann Folgendes passieren: Ihr rutscht von der Raste ab und landet etwas unbeholfen mit dem Bein auf dem Boden. Nicht so schlimm, falls der Untergrund nicht rutschig ist und ihr noch tiefer abschmiert.

Ungünstig ist auch, wenn ihr euren Partner an den Schultern verfehlt und stattdessen seine Kehle erwischt; wenn euer Gesamtgewicht ihm dann kurzzeitig die Luft abdrückt.

Für euch im Prinzip auch nicht schlimm, aber euer Partner ist danach kurz vor dem Explodieren.

Und schließlich könnte noch sein, dass ihr euer Gewicht nicht schnell genug über die Maschine bekommt und ihr damit den Schwerpunkt der Einheit beim Hochschwingen nach links außen zieht. Je nach Körperkraft eures Helden kann dann die Fuhre nach links kippen und ihr liegt beide mit Fahrzeug am Boden. Das wäre ungünstig, weil verschmutzend, massiven Ärger provozierend und äußerst peinlich.

Aber ihr habt ja vorgesorgt und durch häusliches Üben diese Fälle in der Garage ohne Zuschauer bewältigt.

Fall drei: Ihr steigt auf euer eigenes Motorrad auf.

Drei a: Ohne Topcase, allenfalls mit Sissybar, entspricht Fall eins, aber ihr startet vom Boden aus. Ist relativ geschenkt, wenn ihr das rechte Bein hoch genug bekommt. Aber denkt auch hier unbedingt daran: Weiche Landung, das wirkt sexy!

Fall drei b: Eure eigene Maschine hat ein Topcase drauf. Nun gibt es auch hier zwei Varianten.

Fall drei b, Variante eins: Ihr seid noch etwas ungeübt und nicht sicher, ob ihr das Aufsteigen elegant schafft. Bewährt hat sich dann Folgendes: Ihr starrt an der Eisdiele ziemlich entsetzt in eine bestimmte Richtung, haltet euch dabei beide Hände vor den Mund und kontrolliert aus den Augenwinkeln, ob die Beobachter in dieselbe Richtung schauen. Wenn nicht, könnt ihr eventuell noch einen kleinen Entsetzensschrei von euch geben.

Dann muss es aber recht schnell gehen: Wenn die Bikerkollegen darauf anspringen und versuchen herauszubekommen, was dich so entsetzt hat, startest du mit dem Aufschwung von Fall zwei, also dem Durchkraxeln, aber diesmal vom Boden aus. Nach zirka 5 Sekunden wenden sich die Blicke dann wieder zu dir um nachzuforschen, was dich denn so entsetzt hat. Nun bloß kein Blick mehr auf die Beobachter, sondern schaue entspannt auf deine Maschine und tu so, als ob du einen Check machst. Ganz lässig! Geschafft, Problem elegant umgangen. Das gelingt allerdings pro Parkplatz nur einmal!

Fall drei b, Variante zwei: Ihr habt den Gymnastikkurs erfolgreich absolviert, ausreichend zu Hause geübt und kein Lampenfieber mehr. Dann könnt ihr trotz Topcase das „Durchsteigen", sprich Aufsitzen, wagen wie im Fall zwei als Sozia. Eine schöne, weil elegante Ergänzung wäre es noch, wenn ihr vom Boden aus, während das Schwungbein „durchzieht", ein bis zwei kleine Federsprünge Richtung Maschine ausführt. Aber bitte nur kleine und weiche, sonst seht ihr aus wie ein balzender Auerhahn oder mancher Vertreter des männlichen Geschlechtes bei derselben Übung.

Ihr seht also, das Aufsitzen ist vom Prinzip ähnlich wie beim Vierbeiner, kann aber schneller daneben gehen. Also üben heißt die Devise!

Einfacher beim Motorrad ist allerdings, dass es sich nicht um ein Lebewesen mit einem eigenen Kopf handelt; zumindest meistens nicht. Ihr müsst euch immer wieder sagen: Das Motorrad ist eine Maschine und tut genau das, was *ich* will! Ein Pferd hingegen kann schon einmal eine bockige Phase haben.

Hier liegt allerdings der Hase im Pfeffer: Wenn ihr nicht selber genau wisst, was *ihr* wollt und entsprechend unentschlossen beispielsweise eine Kurve angeht, „protestiert" die Maschine entsprechend. Eigentlich habt ihr euch dann selber ausgetrickst und müsst nun nicht das Pferd sondern euer eigenes Handling in den Griff bekommen.

Fazit: Bei allen Gemeinsamkeiten bleibt das Motorrad eine Maschine, die man aber durchaus einmal streicheln oder tätscheln darf! Besonders nach einem gelungenen Ausritt im heimischen Stall!

7. Mofaerfahrung

Nach genauerem Kramen in den hinteren Gehirnwindungen fiel mir bei meinem Rückblick ein, dass ich vor langer Zeit, vor Jahrzehnten (Oh Gott, ist es schon soooo lange her?) doch schon einmal Erfahrungen zweiradtechnischer Art gemacht hatte. Damals fuhr man mit 15 Jahren Mofa! Ein Führerschein war seinerzeit nicht notwendig, man ging in einen Laden, kaufte ein solches Ding und fuhr los. Nun ja, natürlich nicht der jugendliche Fahrer selber. Denn dieser hatte weder Geld, eine eigene Entscheidungsbefugnis, noch das fahrerische Geschick, um so etwas auf Anhieb zu meistern.

Also, begab man sich, wenn es der alte Herr beschlossen hatte, im Schlepptau des Vaters zu einem Zweiradhändler und hörte andächtig zu. Auch wenn das Mädchenherz mit einer so angesagten Marke wie Piaggo Ciao liebäugelte, weil man damit die Füße so cool auf den Mittelteil des Rahmens stellen konnte, beschloss der Familienvorstand, eine Kreidler Florett zu kaufen, da diese mit der klassischen Mopedoptik stabiler und damit sicherer für sein Mädchen schien. Widerspruch gab es damals nicht, schließlich freute man sich ja, dass man mit der neu gewonnenen eigenen Mobilität nicht mehr so sehr vom Vater oder den öffentlichen Verkehrsmitteln abhängig war.

Dann fuhr der alte Herr würdevoll im Mantel und mit Hut auf dem Kopf im Hof des Händlers Probe und hielt seine Wahl für angemessen. Und nun war ich dran! Das Aufsitzen ging wie beim Pferd, war also kein Problem. Dann wurden der technisch absolut unerfahrenen Reiterin die Zweiganghandschaltung, das Bremssystem und die Gaszufuhr beschrieben. Los ging´s. Ich erinnere mich nur noch an einige Runden auf dem Vorplatz, scheint also irgendwie geklappt zu haben.

Nun war ich erstmals selber motorisiert. Ein Hochgefühl von Freiheit machte sich breit! 25 Stundenkilometer, die die Welt bedeuteten! Sicher wegen der äußeren „bulligeren" Form des Mofas wurde ich oft von den anderen Verkehrsteilnehmern überschätzt, wenn ich mit bisweilen 27 (!) Stundenkilometern auf der Vorfahrtstraße „heranbrauste". Damals zählte beim Tuning jeder einzelne Stundenkilometer.

„Boh, deine macht 28? Ist ja toll!" (Und nicht „abgefahren", „cool", „krass", „geil" oder sonstiges aus der heutigen Sprache der Teenies.)

Aber ich gewann meine erste „Maschine" doch recht lieb, auch wenn die anderen Mädels mich mit ihrer leichten Ciao meist mitleidig belächelten. Ich ging eben nicht mit der Mode! Mein „Antimofa" trug zur ersten Steigerung meines Selbstwertgefühls bei. Großartig! Mit so einem Teil wächst man zusammen, nimmt manche Kurve und Steigung (na ja, langsam zumindest) und hört hinein in die Motorwelt und auf den Anlasser.

Besonders dann, wenn er sich nicht muckst. Nun, zuerst gibt er noch ein zaghaftes „Uuip, Uuip" von sich, bevor er sich gänzlich mit einem „Klack" verabschiedet. Das konnte durchaus unterwegs der Fall sein, wenn der Motor nach der gewohnten Gaszufuhr seine Mitarbeit verweigerte. Recht bald war mir der Fachbegriff geläufig: Die Maschine war „versoffen". Und ebenso schnell hatte ich dank Beratung durch andere jugendliche Mofahelden, in diesem Fall eines pickeligen, aber ansonsten netten Jungen, der schon recht früh über Schrauberqualitäten verfügte, das Gegenmittel im

Gepäck: einen 14er Ringschlüssel und eine kleine Drahtbürste.

Dann konnte ich mir ganz lässig, egal an welchem Straßenrand, selber helfen: Kerzenstecker abnehmen, mit dem Schlüssel Zündkerze herausdrehen, mit der Drahtbürste zwischen den Kontakten gründlich sauber schrubben, zweimal stark pusten, reindrehen, Stecker drauf, starten, losfahren.

Diese technischen Fertigkeiten müssen mich damals so stolz gemacht haben, dass ich sie bis heute behalten habe im Gegensatz zu mathematischen Formeln oder griechischen Vokabeln.

Und noch eine weitere Begebenheit habe ich bis heute auf dem Schirm: Bei der nachmittäglichen Fahrt zu einem Französischkurs musste ich auf dem Weg zur Schule am Bonner Bahnhof vorbei durch die Unterführung fahren. An sich kein Problem, der Verkehr war damals noch gering, allerdings fuhren schon einige Straßenbahnen regelmäßig die Bahnhofsroute entlang, auch durch die Unterführung. Auf Schienen!

Wahrscheinlich ahnt ihr, was kommen musste: Ich geriet mit dem Vorderrad in eine solche Straßenbahnschiene und das Ganze auch noch bergab. Beim Versuch, irgendwie aus dieser misslichen Lage herauszukommen, machten die Maschine und ich den Abflug aufs Kopfsteinpflaster. Gott sei Dank war die Bahn am Bahnhof erst langsam angefahren, der Fahrer sah meine hilflose Situation und konnte rechtzeitig anhalten.

Ich biss die Zähne zusammen, stieg wieder auf und fuhr weiter. So hatte ich es durch meinen alten Reitlehrer mit Kavalleriedrill immer gelernt. Hat ja irgendwie auch sein Gutes gehabt. Erst beim Französischkurs wagte ich einen

Blick abwärts und bemerkte meine zerrissene Hose und darunter das inzwischen stark angeschwollene, etwas blutige Knie. Zu Hause wurde dann gekühlt und verbunden und … rekapituliert: Fahre niemals in Schienen hinein!

Bis heute sind mir daher Schienen, aber auch Längsrillen und längs aufgebrachte Teerflicken auf der Straße äußerst zuwider. Somit hatte meine Mofaerfahrung, die übrigens bis zum ersehnten Autoführerschein mit 18 Jahren andauerte, doch langfristig ihre gute Seite.

8. Die Gene

Letztlich landete ich in meiner Rückbesinnung bei meinen Ahnen und stellte mir die Frage: Wurde mir die Motorradbegeisterung nicht schon in die Wiege gelegt? Und hatte ich sie lange Jahre wegen diverser anderer Hobbys und beruflichem Engagement unterdrückt?

Beim Sortieren des Nachlasses meiner Mutter fielen mir zwei vergilbte Fotos in die Hände. Zum einen ein Bild von ihr als junge Frau in damals noch recht ungewohntem Beinkleid vor einem Motorrad stehend. Sie sah sehr glücklich aus, so als freue sie sich auf eine bevorstehende Tour als Sozia. Selbst ist sie sicher nicht gefahren, da sie Zeit ihres Lebens keinen Führerschein besaß. Aber aufgeschlossen war sie schon immer gewesen, also war es durchaus denkbar, dass sie zumindest mitgefahren ist. Aber mit wem?

Dann entdeckte ich ein zweites vergilbtes Schwarzweißbild. Ein älterer Herr mit Mantel und Hut war darauf zu sehen, und zwar auf einem Motorrad! Das Gesicht erkannte ich: Es war mein Großvater, der Vater meiner Mutter. Leider hatte ich ihn nie kennengelernt, da er im Krieg verstorben war. Die Aufnahme musste also vor dem Krieg, Ende der Dreißiger Jahre entstanden sein.

Über den alten Herrn wusste ich nur, dass er von Beruf Ingenieur gewesen und wohl recht patent und modern war für seine Zeit. Wer damals etwas auf sich hielt, war schon motorisiert. Da aber Autos noch nicht so selbstverständlich zum Straßenverkehr gehörten wie heute, fuhr man in der Regel ein Zweirad. Dieses aber mit Begeisterung.

Offenbar war meine Mutter damals mit ihrem Vater als Sozia mitgefahren, da sie schon immer abenteuerlustig war.

Nur zu gerne hätte ich mich auf eine Zeitreise in diese Epoche begeben, um meine Vorfahren beim Motorradfahren zu erleben. Und um mich mit ihnen über ihre Erfahrungen und Erlebnisse in der damals „neuen motorisierten Welt" zu unterhalten.

Diese muss um so vieles anders, einfacher, ursprünglicher, vielleicht befriedigender gewesen sein als die heutige Zeit, in der die Spezies des gemeinen Motorradfahrers nach immer mehr PS, Ausstattung und komplizierter Technik lechzt und sich doch niemals mit dem gerade Vorhandenen zufrieden gibt.

9. Selber fahren, aber was?

Aber egal, was letztlich den Ausschlag gab, stand spätestens nach unserem Norwegen-Urlaub, von dem ich anfangs berichtete, mein Entschluss fest, mich fahrerisch selbstständig zu machen. Zunächst jedoch behielt ich diese Absicht für mich, da ich mich selber erst einmal umsehen und informieren wollte, was denn als fahrbarer Untersatz infrage käme.

Die Ausgangssituation war: Ich hatte zwar den Autoführerschein, jedoch keine Lizenz zum Motorradfahren. Außerdem hatte ich in keiner Weise Lust darauf, noch mal in die Fahrschule zu gehen und für eine Prüfung zu pauken. Und schon gar nicht, eine praktische Prüfung mit dem damit verbundenen Stress auf meine „alten Tage" über mich ergehen zu lassen. Also war die Grundüberlegung: Was darf ich mit meinem alten „Dreier" denn überhaupt fahren? Ich begann zu recherchieren.

Wie bereits angedeutet war für mich möglich, als Zweirad ein Maschinchen bis 125 ccm zu bewegen. So hatte mein Mann schließlich auch damals angefangen. Allerdings war er recht bald gefrustet, dass ihn auf der Autobahn, falls er sich überhaupt auf diese traute, am Berg die LKWs überholten. Aber ich war ja ein paar Kilos leichter, sagte ich mir, damit müsste ja ein solches Gefährt auch schneller fahren. Dennoch schaute ich mich nach Alternativen um.

Ich sah nun immer mehr Quads, laut Duden vierrädrige Motorräder (!), die Straßen bevölkern und überlegte, ob dies vielleicht eine Möglichkeit meiner gewünschten neuen Mobilität war. Immerhin durfte ich mit dem Autoführerschein ein solches Ungetüm mit vier Rädern ohne Weiteres über die Straßen lenken. Womit wir schon beim entscheidenden Punkt wären: dem Lenken.

Eine Kollegin von mir fuhr damals im Sommer gerne mit dem Quad ihres Mannes, seines Zeichens Tierarzt, zur Arbeit. Eines Tages bat ich sie, allerdings unter dem Siegel der Verschwiegenheit, mir eine Sitzprobe zu gestatten. Das machte sie gerne und ich nahm auf dem Trümmer Platz. Nun muss man dabei sagen, dass es sich bei diesem Gefährt um ein spezielles Geländefahrzeug, ein ATV Yamaha Grizzly, handelte, damit der Doktor zu seinem lieben Vieh auf die Weiden fahren konnte. Ich fühlte nur Masse unter mir und kam zudem kaum an die Bedienelemente heran.

„Na ja, das Lenken ist auch nicht einfach. Da braucht man jede Menge Armkraft", erklärte meine durchtrainierte, mit kräftigen Oberarmmuskeln ausgestattete Kollegin. Ich dankte ihr herzlich, war aber von dieser Möglichkeit nicht wirklich überzeugt.

Dritter Anlauf: Eine Bekannte von mir fuhr eine Harley. Eine niedrige Harley, eine Super Low, denn sie hatte etwa meine Körpergröße. Nun, „Größe" ist bezüglich des Maßes vielleicht das falsche Wort. Auch ihr erklärte ich unter Hinweis auf die Schweigepflicht, dass ich auf der Suche nach einem fahrbaren Untersatz der anderen Art sei. Und schon fand ich mich in ihrer Garage zu einer weiteren Sitzprobe wieder.

Ich beäugte das wunderschöne, schwarz glänzende Motorrad skeptisch, da es mir ungeheuer gewaltig vorkam, traute mich aber doch auf den Sitz, nachdem ich ihre Besitzerin eingehend ermahnt hatte, die Maschine auch wirklich sicher zu halten. Und ich war erstaunt: Ich kam sogar mit meinen kurzen Beine auf den Boden und konnte mich selber abstützen. Das Ding allerdings in die Senkrechte zu hieven, kostete schon erhebliche Kraft.

Und noch was war mir suspekt: Ich sah ja gar nicht das Vorderrad! Wo war denn die Maschine vorne zu Ende? Wie sollte man denn da die Straße treffen?

Und ein entscheidender Punkt ließ für mich den kurzzeitigen Traum von einer Harley platzen: Ich hatte ja nicht einmal einen entsprechenden Führerschein. Diesen hatte meine mutige Bekannte im gesetzteren Alter gemacht, hatte aber auch von ihren Problemen in der Vorbereitung berichtet. Nein, das war nichts für mich! Ich bin schließlich nicht der Typ, der sich selber quälen muss!

Also lief zunächst einmal alles doch auf eine 125er Maschine hinaus. Ich wollte mich schon meinem Mann offenbaren, hatte aber vor, dies erst nach Rückkehr aus unserem Sardinienurlaub zu tun. Und dann kam doch alles ganz anders als geplant. Dann kam nämlich nochmals Willi ins Spiel.

Von Willi hatte ich euch schon einmal etwas erzählt, nämlich bezüglich meiner ersten Harley-Sozia-Erfahrung auf Sardinien. Das war damals einfach nur bombastisch! Und es hatte ja zur Folge, dass ich meinen Mann mit dem Harley-Virus anstecken konnte. Ihr erinnert euch sicher.

Doch die Begegnung mit Willi hatte noch ganz andere Auswirkungen. Wir sind uns ja nur an zwei Tagen begegnet, und doch hatte dies Folgen, die jahrelang nachwirkten.

Willi hatte zu Hause in Deutschland einen kleinen Fuhrpark. Edle Autos und tolle Motorräder. Und er muss wohl irgendwie geahnt haben, dass ich längerfristig selber hinter einen Lenker wollte.

Er erzählte uns von einem ganz besonderen Gefährt: „Außer dieser Harley hier habe ich zu Hause eine, die ganz genauso gebaut ist und dieselbe Farbe hat, nur mit einem Unterschied: Sie hat drei Räder. Es ist eine Harley Triglide. Sie ist enorm praktisch, denn sie kann nicht umfallen und hat einen großen Kofferraum. Dennoch ist ein richtiges Motorrad drin verbaut. Wenn ich mit meiner Frau unterwegs bin, fahre ich immer diese Maschine. Zum Reisen ist sie ideal. Und das Beste: Man darf sie mit dem Autoführerschein fahren."

Thomas und ich schauten uns an. Augenblicklich schienen wir dasselbe zu denken. „Das ist es!"

Im nächsten Hotel unserer Sardinienrundfahrt klemmten wir uns erst einmal vor den dortigen Computer und googelten „Harley Triglide". - Wow! Eine stahlblaue Schönheit erschien auf dem Schirm, die sich lässig im Scheinwerferlicht um ihre eigene Achse drehte. Sie war perfekt! Sie war soooo schön und das von allen Seiten!

„Die will ich haben!", schoss es mir durch den Kopf. Auch meine bessere Hälfte war ganz begeistert. „Das wär´ doch was für dich!", waren seine ersten Worte.

Nie zuvor hatten wir eine solche Maschine in der Wirklichkeit gesehen. Das lag zum einen daran, dass es damals angeblich nur fünf dieser Art in Deutschland gab. Inzwischen werden sie regulär hier vertrieben. Zum anderen kannten wir bis dato lediglich die Gattung „Trike". Diese Fortbewegungsmittel waren mir aber von vorne herein viel zu gewaltig und zu autoähnlich. Schließlich ist dort ein Automotor integriert. Nein, ich kleine Person wollte auch optisch etwas, das perfekt zu mir passt.

10. Eine Maschine muss passen

Kurz nach unserem Sardinienurlaub ergab es sich, dass ich mich mit meiner Bekannten von der Harley Super Low – Ihr erinnert euch? – über diese, für mich neuen Dreiräder unterhalten habe. Diese Unterhaltung führte ich unter dem Aspekt einer allgemeinen Informationsbeschaffung, da ich zunächst einmal meine Absicht, ein solches Gefährt zu erwerben, für mich behalten wollte. Und wie es der Zufall wollte, kannte sie jemanden, der genau eine solche Maschine, eine Harley Triglide, besaß. Das war eigentlich eine Sensation, da es zu diesem Zeitpunkt nur wenige dieser Fahrzeuge in Deutschland gab.

Ich bekannte mich nun zu meinem ernsthaften Interesse und bat sie, einen Kontakt herzustellen. Nach ein paar Tagen nervender Ungeduld meldete sich der erwähnte „Dreiradfahrer" und lud uns zu einem Besichtigungstermin seines Gefährts ein. Gespannt fuhren wir kurz darauf in seinem Hof ein und Hartmut zeigte uns stolz seine orangefarbene Triglide mit allen nur erdenklichen Extras. Hartmut unterstützte uns übrigens auch beim Kauf der zweirädrigen Harley, vielleicht erinnert ihr euch. Das Dreirad blinkte und blitzte, war auf Hochglanz poliert und kein Stäubchen trübte die funkelnde Motorrad-Schönheit.

Ich versank förmlich in Ehrfurcht und konnte mir kaum vorstellen, wie man ein solches Designerstück überhaupt auf eine staubige Straße, womöglich noch bei Sprühregen, schicken konnte. Ich traute mich ja noch nicht einmal, dieses Glanzgebilde zu berühren!

Für die technischen Details interessierte sich eher mein Gemahl und führte mit Hartmut sodann ein Fachgespräch, während ich mir eher Gedanken machte über die Themen

Sitzkomfort und Gepäckmöglichkeiten, da wir ja vorhatten, längere Touren zu fahren. Die Gepäckfrage war schnell geklärt: Durch Topcase und einen riesigen regelrechten Kofferraum musste ich mir bezüglich des Transports meiner sieben Sachen wirklich keine Sorgen machen.

Wie stand es mit dem Sitzen? Hartmut forderte mich auf, einmal aufzusteigen. Dazu gehörte allerhand Mut, da ich ja das blinkende Etwas auf keinen Fall zerkratzen wollte. Über das komfortable Trittbrett bestieg ich die orange Schönheit und schwang vorsichtig in Zeitlupe mein rechtes Bein über den Rücksitz. Dann saß ich oben und zwar herrlich bequem. Wie auf einem Sessel! Wow! Mit den Füßen hatte ich auch kein Problem, die beiden Trittbretter zu erreichen. Und Bodenkontakt brauchte ich ja zunächst nicht, da das tolle Teil nicht umfallen konnte. Praktisch!

Während meine Rückseite signalisierte: „Alles okay!", galt es nun, mich auf den vorderen Teil des Dreirads zu konzentrieren. Lenker, Bedienelemente, Pedale, Schaltung, alles sollte ja erreichbar sein, um das Gefährt überhaupt in Bewegung setzen zu können. Und da gab es mal wieder das bekannte kleine Problem: meine Größe. Erst kam ich mal überhaupt nicht an irgendetwas. Dann rückte ich mit meinem Popöchen bis ganz vorne auf den Sesselsitz und erreichte zumindest die Griffe des Lenkers. Mit den Fußspitzen berührte ich so gerade das Bremspedal und die Schaltwippe. Aber schon beim Versuch des Einlenkens musste ich mich mit dem Gesäß ein wenig nach vorne vom Sattel abheben, um dem Weg des Lenkers zu folgen. Fazit: So ging es gar nicht! Das Teil war einfach zu groß für mich.

Hartmut wusste aber gleich einen Rat: Alles sei technisch lösbar. Lenkerrückverlegung, Pedal- und Schalterhöhung und so weiter. Er habe auch gleich eine erfahrene Werkstatt an der Hand, die wahre Wunder vollbringe. Ich glaubte es ihm unbestritten, war allerdings schon jetzt der Meinung, dass dies eher nicht zum Nulltarif geschehen könne.

Dann erkundigten wir uns nach den Anschaffungspreisen – und mussten uns innerlich erst einmal hinsetzen! Seine Maschine hätte neu um die 38.000 Euro gekostet, das sei sie aber durchaus wert, da ja Harleyfahren grundsätzlich auch ein Lebensgefühl sei, das in diesem Preis eingeschlossen wäre.

„Meine Güte", dachte ich mir, „dafür bekomme ich ja locker schon zwei Kleinwagen!"

Hiermit sah ich meinen Traum vom eigenen Motorrad dahinschwinden. Eine solche Summe nur für ein Spaßgefährt wollte und konnte ich nicht aufbringen.

Später, als Thomas seine Harley-Zeit durchlebte, bekamen wir einen Einblick in das Preisniveau dieser Kultmarke und konnten des Öfteren nur mit dem Kopf schütteln. Simple Ersatzteile, aber auch Zubehör und Markenkleidung gingen für einen Preis über die Ladentheke, der dem Harley-Gefühl in hohem Prozentsatz Tribut zollte. Ich selber fühlte mich eigentlich in keiner Sparte einer speziellen Marke verpflichtet, sei es bei Kleidung, Verpflegung, Kosmetik, Autos und so weiter. Ich kaufte bisher immer, was mir gefiel auf der Basis eines guten Preis-Leistungsniveaus. Also stand für mich jetzt bereits fest: Eine Harley musste es nicht sein. So schön und edel sie sich auch präsentierte.

Die Grundidee, ein Dreirad zu erwerben, wollte ich aber nach dieser ersten Sitzprobe nicht fallen lassen, da mich das Konzept schon überzeugte. Wir gaben also nicht auf und machten uns auf dem Gebrauchtfahrzeugmarkt auf die Suche. Da ich ja schon erwähnte, dass es in Deutschland zu diesem Zeitpunkt kaum Triglides gab, erwies sich diese als schwierig. Eine Marke war allerdings bezüglich Dreirädern schon eher in Germany etabliert: die Goldwing von Honda.

Hier gab es ein paar Angebote gebrauchter Art. Auf den dazugehörigen Bildern erschien das gute Stück recht erhaben und würdevoll. Auf Fotos mit menschlicher „Nutzlast" lagen zwischen den Nutzern und meiner Person doch etliche Zentimeter und Kilos. Ich war also entsprechend skeptisch.

Ein Angebot, das finanziell interessant war, hatte eine weibliche Adressangabe. Das war für mich die Gelegenheit, endlich einmal mit einer Vertreterin meines Geschlechts über Schnitt, Passform und Tragekomfort einer Maschine von Frau zu Frau zu sprechen. Gesagt, getan. Am anderen Ende der Leitung erklang eine sehr freundliche Stimme und ich schilderte mein grundsätzliches Interesse an ihrem Fahrzeug, aber auch meine Skepsis bezüglich der Größe. Das sei kein Problem, versicherte mir die Bikerin, sie fahre Goldwing Trikes schon seit Jahren und fühle sich äußerst wohl. Das Handling sei auch für Frauen möglich und sie komme überall dran, obwohl sie nicht groß sei. Super, dachte ich mir, das könnte ja dann auch für mich passen. Vorsichtshalber fragte ich noch nach ihrer Körperlänge. Ups! Glatte 15 Zentimeter betrug der Unterschied zwischen uns beiden. Für Bikerinnen nicht nur *eine* sondern zwei Welten! Später besah ich mir bei einem Bikertreff einmal in Ruhe ein Trike aus dem Stall Honda und stellte auch hier fest: Ist zwar wunderschön, aber passt mir nicht!

Zwischenzeitlich sichteten wir ein Angebot einer älteren Harley Triglide, eines Eigenimports aus den USA. Auf den Bildern glänzte uns ein ansprechendes, türkisfarbenes Dreirad entgegen und zwar zu einem sensationellen Preis. Das schien doch ein echtes Schnäppchen zu sein. Da könnte man ja dann auch die Kosten für einen passenden Umbau noch investieren, um das gute Stück für mich optimal hinzukriegen.

Der Verkaufsort lag nicht allzu weit entfernt und wir baten Hartmut als Fachmann mitzukommen. Er sah die Bilder und wollte den Preis zunächst gar nicht glauben. Wir vermuteten, dass der Besitzer aus irgendeinem Grund einen Notverkauf zu tätigen hatte. Also nichts wie hin in die Großstadt am Rhein. Wir landeten in einem eher einfachen Stadtviertel und hatten den Verkäufer bald gefunden. Das heißt, wir schienen ihn trotz vorheriger telefonischer Verabredung eher aufgescheucht zu haben, denn er sah in seiner ausgebeulten Jogginghose, seinem schlabberigen Achselshirt und seinen verwuschelten Haarresten ziemlich unpässlich aus.

„Egal", dachte ich mir, „Hauptsache der Preis stimmt."

Wir mussten zu Fuß in eine Nachbarstraße gehen, da dort die Maschine in einer alten Garage stand. Das Tor wurde geöffnet – und drei Leuten stand der Mund vor Staunen auf! Das Teil der Begierde erwies sich als ziemlich abgewrackte, schmutzige Blechkiste, deren Metallteile rosteten und deren Lack an etlichen Stellen verkratzt war. Die Scheibe war milchig und die Handgriffe porös. Als unser Jogginghosen-Dressman dann das Gefährt starten wollte – tat sich gar nichts. Erst beim 20. Versuch kam das Maschinchen mal vorsichtig in die Gänge und ballerte unregelmäßig mit Aussetzern vor sich hin.

Unter diesen Umständen verzichteten wir auf eine Probefahrt und suchten möglichst rasch das Weite. Nein, billig ist auch kein Kriterium, um ein passendes Teil zu finden. Denn eins war klar: Auch dieses Dreirad passte nicht!

Schon war ich am Rande des Verzweifelns, hielt mich aber mit meinem Lebensmotto hoch: Nur nicht unterkriegen lassen! Letztlich half mal wieder die Errungenschaft der Neuzeit: der Computer mit seiner genialen Suchmaschine. Bisher hatten wir uns immer nur bei der Dreirad-Recherche an die Marken Harley und Goldwing gehalten. Nun gab ich mal ohne Markenbezug den Begriff „Motorrad-Trike" ein. Und siehe da: Es gab ja noch andere Anbieter! Auf einmal tauchten Firmen namens Boom, EML und rewaco auf. Und sie hatten allesamt ansehnliche, pfiffige Modelle im Programm! Modelle basierend auf Grundfahrzeugen verschiedener Hersteller mit diversen Varianten in Sachen Hubraum und PS-Zahl. Das klang vielversprechend! Während die Firmen Boom und EML räumlich ziemlich entfernt angesiedelt waren, Boom in Süddeutschland und EML in den Niederlanden und Belgien, lag der Hauptsitz der Firma rewaco fast vor unserer Haustür im Bergischen Land.

„Da fahren wir am Samstag mal hin", stand unser Entschluss fest.

Ich konnte es kaum erwarten, dass die Woche zu Ende ging und wir ins Bergische fuhren. Nach etwa einer Stunde Fahrzeit standen wir vor einer Glashalle und waren fast geblendet von der funkelnden Farbenpracht. Etliche Großtrikes in allen möglichen Farbkombinationen waren hier ausgestellt und warteten auf ihre neuen Besitzer.

„Sind wir hier richtig?", dachte ich bei mir, da ich es ja nicht auf die großen Dreirad-Geschwister abgesehen hatte, so sehr ich auch von ihrer Optik fasziniert war.

Doch in einem kleineren Bereich wurden wir fündig. Da standen genau die Modelle, mit denen ich schon im Internet geliebäugelt hatte. BikeConversions, so der Fachbegriff, also mit drei Rädern ausgestattete richtige Motorräder. Und dann lernten wir Hennes kennen, den Chefverkäufer der Firma. Ich erklärte ihm, was ich denn so suchte, und er lud mich sogleich zu Sitzproben ein, dem A und O, um eine passende Maschine zu finden. (Dies sollte für mich später nochmals von eklatanter Bedeutung sein.)

Basis für die BikeConversions von rewaco waren in erster Linie Motorräder der Marke Suzuki und zwar die Intruder-Reihe. Das sind gemütliche Chopper und von Weitem einer Harley nicht unähnlich.

Hennes schilderte uns zunächst kurz die Modellpalette und führte uns dann als erstes zu einer wunderschönen, mittelblauen Maschine, Modell CT 1500 S. Von der Leistung war sie bereits ein Kraftpaket mit 80 PS.

„Brauche ich denn überhaupt so viel Leistung unter mir?", überlegte ich kurz.

Dann kam die Sitzprobe. Ich erklomm äußerst vorsichtig die glänzende Schönheit und ließ mich sanft auf dem Sitz nieder. Auch hier stellte sich, wie vormals bei der Harley Triglide, sofort ein wohliges Sitzgefühl ein. Aber ebenfalls wie damals war die Erreichbarkeit der Bedienelemente für mich kleine Person eingeschränkt. Das kannte ich ja schon. Nichts desto trotz testete ich auch den Rücksitz. Auch hier saß man sehr bequem. Mein Mann setzte sich auf den Fahrersitz und bekundete, dass es ein super Sitzgefühl sei. Na ja, er ist ja auch 20 Zentimeter größer als ich. Da die stärkeren Maschinen eher größere als kleinere Abmessungen hatten, kamen diese sowieso nicht für mich infrage.

Aber Hennes hatte uns ja noch nicht alle Möglichkeiten präsentiert. Er führte uns in die Werkhalle. Dort standen nochmals unzählige Trikes und BikeConversions, eins schöner als das andere. Hierbei fiel mir ein Großtrike in einer Farbe besonders auf, nämlich ein „Schneewittchen" mit perlmuttweißer „Haut". Ich konnte mich gar nicht von diesem Anblick lösen.

Aber weiter gings um die nächste Ecke herum und dort stand eher schüchtern ein kleineres Motorrad-Trike in blinkendem Schwarz. Es handelte sich um eine CT 800S. Im Vergleich zu den anderen Stahlrössern wirkte es vielleicht eher wie ein Connemarapony unter Kaltblütern. An ein solches, ein weißes übrigens, erinnere ich mich immer wieder gerne, da ich auf ihm in Jugendtagen das Voltigieren gelernt hatte. Begeistert hatten mich einst sein gutmütiger, williger, aber dennoch spritziger Charakter und seine zu mir passende Größe. Das optische Bild von uns beiden wirkte damals äußerst harmonisch. Komisch, Motorräder scheinen den Geist und die Phantasie zu beflügeln.

Also eine erneute Sitzprobe war angesagt. Das Aufsteigen ging schon bedeutend leichter; ich hatte meine anfängliche Scheu, etwas zu zerkratzen, abgelegt. Aber auch wegen der Abmessungen schien diese Aktion flüssiger zu verlaufen. Ich glitt auf den Sitz – ein wunderbares Gefühl! Und dann kam der Höhepunkt der Anprobe: Ich erreichte ohne Mühe sämtliche Bedienelemente und kam sogar mit den Füßen auf den Boden! Fazit: Die Maschine passte wie angegossen!

Ein breites Grinsen musste ich wohl aufgesetzt haben, denn mein Mann meinte nur: „Sie scheint dir zu gefallen."

Zunächst war ich sprachlos vor Glück. Ich saß einfach perfekt. Dann erkundigte ich mich bei Hennes nach den Funktionen der Bedienelemente und hatte ziemlich schnell einen ersten Durchblick. Das ist, ich gebe es ja gerne zu, für mich nicht selbstverständlich, da ich eher eine technische Niete bin. Allerdings fuhr ich schon immer gerne Auto und hatte keine Probleme, mich schnell mit unbekannten Pkws vertraut zu machen. Bei der CT 800S gefiel mir das klare, logisch aufgebaute, nicht übertrieben ausgestattete Cockpit ohne Schnickschnack. Ich greife jetzt mal voll in den Sack der Vorurteile: Es ist einfach frauenfreundlich! (Ich darf das sagen, denn ich bin ja eine Frau.)

„Eine kleine Probefahrt gefällig?", hörte ich Hennes wie durch Watte fragen.

Mental schwebte ich nämlich gerade auf Wolke sieben.

„Ähm, Äh..", stammelte ich und gab dann zu, dass ich mir dies noch in keiner Weise zutraute.

„Kein Problem", meinte der Kundenberater gelassen, sollte ich eine Maschine kaufen, so nehme er sich so viel Zeit, wie ich wollte, um mir eine ausführliche Einweisung zu geben.

Na ja, aber eine Katze im Sack kauft man nicht, war immer unser Prinzip gewesen. Also wurde beschlossen, dass Thomas fährt und ich hinten drauf als Sozia mitfahre. Vom Sitzen war auch hier der Rücksitz äußerst komfortabel. Und Thomas als langjähriger Motorradfahrer hatte schließlich das Handling drauf.

Wenngleich es hier bei dem Dreirad den eklatanten Unterschied gab, dass man keine Schräglage hatte und die Fliehkräfte in einer Kurve voll wirkten. Daher hieß es erst einmal, sachte anzufangen. Wir fuhren durch das Industriegebiet und nahmen die erste Kurve. Hoppla, was war das? Ich hatte die Soziahaltung eingenommen, hielt mich an den Seiten meines Gemahls fest und erwartete automatisch die Schräglage. Sie kam nicht, dafür wurde mein Körper sogar bei diesem langsamen Tempo ziemlich nach außen gezogen. Das anschließende Kreiselfahren war ebenfalls absolut ungewohnt. Mir kamen erste Zweifel, ob ein Dreirad für mich überhaupt das Richtige war. Doch Thomas meinte, es mache ihm Spaß und ich würde mich sicher an das neue Gefühl gewöhnen.

Später wurde uns klar, dass es ein himmelweiter Unterschied ist, das BikeConversion selber zu fahren oder als Beifahrer zu erleben. Letzteres ist sehr gewöhnungsbedürftig, geht aber wesentlich besser mit Armlehnen oder zumindest mit Haltegriffen. Als Fahrer entwickelt man recht schnell die richtige Technik, Kurven zu nehmen und die Fliehkraft auszuhalten. Schließlich hat man es ja selber in der Gashand, ein angepasstes und angenehmes Kurventempo zu fahren. Später werde ich euch noch erzählen, wie diesbezüglich ein Dreirad und ein Zweirad zusammenpassen.

Mit einem Stapel Prospekten unter dem Arm verabschiedeten wir uns von Hennes und wollten uns zu Hause in aller Ruhe mit der neuen Situation auseinandersetzen. Wir waren allerdings emotional so aufgewühlt, dass wir erst einmal ein Café aufsuchten und unsere ersten Eindrücke austauschten. Hier stand eigentlich schon fest, dass ich mir ein Dreirad anschaffen wollte und zwar genau diese kleinste Variante mit 53 PS. Sie war in meinen Augen leistungsmäßig voll ausreichend und von der Passform nicht zu toppen. Und dann gestand ich Thomas, dass ich das neue Teil aber unbedingt in der „Schneewittchenfarbe" haben wollte, also in perlmuttweiß. Da der Gebrauchtfahrzeugmarkt diese recht neuen Fahrzeuge noch nicht hergab, war bereits jetzt klar, dass es ein Neufahrzeug werden musste. Da hatte man ja bei der Konfiguration sowieso die Farbauswahl.

Wir waren uns schnell einig und eine Woche später fuhren wir wieder nach Lindlar und bestellten mein Dreirad.

Und übrigens: Da ich zu meinen drei Rädern stehe, beschloss ich sofort, mein Vehikel weder Trike noch Bike-

Conversion zu nennen, sondern schlicht und einfach „Dreirad".

11. Die ersten Übungen

Nun hieß es erst einmal warten und, da ich kein Teetrinker bin, Caffé crema trinken. Als Liefertermin war Mitte April ausgemacht, da mein Schätzchen wegen der Sonderlackierung eine Reise ins Nachbarland antreten musste. Außerdem bekam es noch ein CTAF-Fahrwerk verpasst, ein damals neues hydropneumatisches Fahrwerk, das die Vorteile von Einzelradaufhängung und Starrachse miteinander verbindet. Da staunt ihr über mein Fachwissen, nicht wahr? Das habe ich aus der Betriebsanleitung abgeschrieben. Bedeutet: Das Popöchen der Reiterin ist immer auf einer komfortablen Sitzfläche gebettet, egal wie die Straßenverhältnisse sind. In der Praxis bedeutete dieses neuartige Konzept von rewaco aber auch zusätzliche Fahrsicherheit; davon später mehr.

In der Wartezeit war ich jedoch nicht untätig. Als überzeugte Autodidaktin hatte ich mir bereits ein Handbuch über Motorradfahren gekauft und studierte erst einmal ausgiebig das mir so unbekannte Schaltsystem. Bei meiner Mofaerfahrung hatte ich damals eine Halbautomatik gefahren und musste, ähnlich wie beim Mountainbike, lediglich mit der linken Hand zwei Gänge einlegen. Aber nun sollte auf einmal mein linker Fuß diese Arbeit übernehmen und das Ganze auch noch für fünf Gänge und Leerlauf? Mannomann, das konnte man ja im Sitzen gar nicht kontrollbeobachten! Da sollte mein linker Fuß also etwas auswendig lernen, ohne dass der Restkörper darauf Einfluss hatte! Wie sollte das denn bloß klappen?

Ganz unbeleckt von solcher grundsätzlichen Koordination war ich freilich nicht, da ich lange Jahre im Bereich Tanz aktiv war, unter anderem in der Sparte Stepptanz. Falls ein männlicher Leser diesen Gedankengang meinerseits aufgenommen hat, wird er sich womöglich mit Kopfschütteln abwenden und mich für verrückt erklären. Macht nichts. Ihr Mädels, die ihr ja bestimmt auch mehr oder weniger Tanzerfahrung habt, könnt nachvollziehen, dass gerade bei dieser Bewegungsart die Füße alleine agieren müssen, denn der Blick der Tänzerin geht entweder lächelnd ins Publikum oder schmachtend in die Augen des angebeteten Partners. In selteneren Fällen verzweifelt umschauend, ob man den augenblicklichen Trampeltänzer nicht gegen einen anwesenden John Travolta tauschen könnte.

Also war klar, meine Füße mussten lernen, auswendig bestimmte Bewegungen zu tätigen, damit die Fuhre ins Rollen kam und anschließend in der jeweiligen Geschwindigkeit keine Probleme machte. Ich fand eine einigermaßen deutliche schematische Zeichnung, auf der die Schaltwege dargestellt waren. Völlig widersinnig fand ich, dass man den ersten Gang nach unten treten musste, während man ab Gang zwei mit der Fußspitze den Hebel nach oben bewegte. Und dazwischen lag auch noch der Leerlauf (Blödsinnigerweise nicht mit „L" sondern auch noch mit einem unlogischen „N" bezeichnet!). Na bravo!

Doch für mich war die Ausgangssituation noch komplizierter, da ich an meinem neuen Teil eine Schaltwippe hatte. Hier musste auch noch der Absatz ran. Der durfte allerdings beim Hochschalten wieder nach unten treten, nur nicht beim ersten Gang, denn das war Sache der Fußspitze. Nicht zu vergessen, im entscheidenden Moment musste ja auch noch das Gas mit der rechten Hand reduziert und die Kupplung mit der linken Hand gezogen werden. Mann, war das kompliziert. Dazu kam ja noch das Herunterschalten, das ausschließlich dem Vorderfuß vorbehalten war.

Ich übte das Ganze „trocken" sprich ohne reale Schaltung, quasi in der Luft und stellte mir dabei die Hebel vor. Dazu nannte ich den jeweiligen Gang. Das Ganze übte ich täglich mehrmals so vor mich hin. Einmal auch beim Zahnarzt im Wartezimmer.

Bis mich ein anderer Patient, der mich wohl beobachtet hatte, ansprach: „Sind Sie sicher, dass Sie hier richtig sind? Brauchen Sie nicht eher eine spezielle Behandlung?"

Grundtechniken verschiedener neuer Sportarten hatte ich ebenfalls per Handbuch des Öfteren zunächst theoretisch durchdrungen, bevor ich versuchte, diese in die Praxis umzusetzen. Das war eigentlich immer sehr hilfreich. Lediglich beim Skifahren lagen Theorie und Praxis ziemlich weit auseinander und die zuvor genauestens studierten Begriffe wie Berg- und Talski nützten mir bei den ersten Versuchen, das Gleichgewicht zu halten, überhaupt nicht weiter.

Aber bezüglich des Schaltens eines Motorrades empfand ich die Trockenübungen schon als nützlich, da sich hier bereits der Weg etwas automatisieren konnte. Eines Tages bat ich Thomas um einen Praxistest. Ihr habt ja schon mitbekommen, dass ich auf seinen Maschinen sozusagen in der Luft schwebte. Also sorgte er dafür, dass seine Harley einen stabilen Stand hatte, als ich den Selbstversuch wagte. Die Harley schien mir ein geeignetes Objekt zu sein, da sie ebenfalls über eine Schaltwippe verfügte. Und genau diese Technik wollte ich ja probieren.

Hier stellte sich mal wieder heraus, dass das Kultfahrzeug für eine Person meiner Statur ein paar Nummern zu groß war. Meine linke Hand musste ich weit auseinanderreißen, um an den Kupplungshebel zu kommen, während mein linker Fuß riesige Bewegungen nach unten, oben und hinten machen musste. Dennoch hatte ich das Gefühl, dass meine theoretischen Kenntnisse in der Praxis grundsätzlich funktionierten. Und ich hatte die Beruhigung, dass auf meiner eigenen Maschine später alles passgenau angebracht war. An diesem Abend schlief ich selig mit der Vorstellung ein, mein Dreirad leichtfüßig in Bewegung setzen zu können!

Trotz dieser Vorübungen war mir allerdings durchaus bewusst, dass ich zwar mein Dreirad mit dem Autoführerschein fahren durfte, es aber in keiner Weise auf Anhieb konnte. Offenbar war der Gesetzgeber inzwischen dahinter gekommen, dass diese Erlaubnis eigentlich unverantwortlich ist und hat beschlossen, dass nun die junge Generation auch für ein Trike eine entsprechende Lizenz zu erwerben hat; etwas äußerst Sinnvolles. Fragwürdig ist allerdings, dass die „Altinhaber" nach wie vor ohne spezielle Schulung ein solches Vehikel sofort auf der Straße bewegen dürfen. Hier kann man nur hoffen, dass sich jeder Interessent erst einmal im (ausreichend großen) Hinterhof an das unbekannte Gefährt gewöhnt und mit ihm vertraut wird, bevor er ins Verkehrsgewühl startet.

Einen eigenen geeigneten Hinterhof hatte ich nicht, doch Hartmut, der uns ja mit Rat und Tat zur Seite gestanden hatte, besaß eine größere Halle mit noch größerem Vorplatz. Und das Ganze in einem Industriegebiet. Das war die Chance, um im „Schonraum" mit meinem Schneewittchen vertraut zu werden. Ein weiterer Vorteil kam dazu: Diese Lokalität lag 15 Minuten von unserem Wohnhaus entfernt und unsere immer neugierigen Nachbarn – ihr erinnert euch vielleicht an unseren verzweifelten Versuch, die Harley unbeobachtet einzustallen? – waren dort nicht vorhanden. So holten wir unsere Neuerwerbung mit dem Anhänger aus Lindlar ab und brachten sie erst einmal zu Hartmut.

Bei der Übergabe meines „Schneewittchens" überraschte mich Chefverkäufer Hennes noch mit einem schmucken Blumenstrauß und einer Flasche Sekt. (Für die „Taufe" am Abend zu Hause natürlich.) Ich war mächtig stolz, denn in meinen Augen war mein Dreirad nun das schönste Fahrzeug auf dem ganzen rewaco-Anwesen.

Ein anderes Paar war zufällig bei der Abholung in Lindlar anwesend und besonders die Frau schien ganz entzückt zu sein, als sie meine Maschine erblickte. Ich erzählte ihr ein bisschen von meinen Problemen, etwas Passendes zum Selberfahren zu finden. Sie schien ähnliche Erfahrungen gemacht zu haben, denn auch sie war von eher kleiner Statur. Als Hennes dann meine Weiße in den Anhänger gefahren hatte, sah ich beim Abschied, dass die Bikerin in spe mit ihrem Mann interessiert eine Maschine gleichen Typs in der Halle in Augenschein nahm. (Solltest du, liebe Trikerin, diese Zeilen lesen, erinnerst du dich sicher an mich. Ich wünsche dir viele tolle Touren!)

Dann ging es durch das Bergische Land in Richtung Heimat, allerdings in Hartmuts Hof. Es war inzwischen Samstagnachmittag und das Industriegebiet war verwaist. Die starken Jungs luden ab, was bei meinem Trike nicht so mühsam war wie bei einem Zweirad, da es doch mit einem elektrischen Rückwärtsgang ausgestattet war. Dann stand die Schönheit mitten auf dem großen, asphaltierten Vorplatz und das Beste: Außer uns Dreien war kein Mensch weit und breit.

Auch Hartmut bewunderte offensichtlich die Maschine, auch wenn sie keine Harley Triglide war. Aber ihm war ja klar, dass sie der Fahrerin passen musste. Er hatte sich bereit erklärt, mich in die Geheimnisse dieser speziellen Fahrkunst einzuweisen. Darüber war ich sehr froh, denn

Nichtfamilienmitglieder besonders des anderen Geschlechts haben eine wahre Engelsgeduld, einem etwas beizubringen.

Vom Gegenteil wusste ich nämlich ein Lied zu singen: Thomas, gebürtiger Bayer und von klein auf passionierter Skifahrer, versuchte mich im mittleren Alter meinerseits mit dem Fahren auf besagten langen, schmalen Brettern vertraut zu machen. Ich wollte es unbedingt lernen, sah aber nicht ein, für einen externen Skilehrer Geld auszugeben, wenn der eigene Ehemann auch etwas von der Sache verstand.

Von der Sache verstand er Allerhand, allerdings nicht von der Art und Weise, diese seiner Ehefrau schonend beizubringen. Er konnte schlichtweg meine persönlichen Anfängerprobleme nicht nachvollziehen wie „Warum rutschen diese Dinger denn immer dahin, wohin sie *nicht* sollen?", oder „Ich dachte, man muss sich mit dem Po auf den Bügellift *setzen*!", typisch auch „Wieso bleibe ich denn auf der Buckelpiste immer mitten *auf* einem Buckel stehen?"

So entschloss ich mich, für einen Tag doch einen Skilehrer zu mieten und auf einmal wurde Frau von dem smarten, braungebrannten, durchtrainierten Bretterpädagogen mit all ihren großen und kleinen Problemen verstanden. War das herrlich!

Also Mädels hier mein Ratschlag für euch: Solltet ihr mal etwas Neues lernen wollen, tut dies mit einer neutralen, am besten gut aussehenden, humorvollen und geduldigen, nichtverwandten Person, auch wenn es etwas teurer ist!

Ich hatte Glück, denn Hartmut gab es ja umsonst! Das war sehr nett von ihm, hatte für ihn aber auch einen Nutzen, denn mir etwas beizubringen, gibt automatisch ein stolzes Gefühl und einen Zuwachs an Selbstbewusstsein!

Ich gebe es ja zu: Einfach bin ich auch nicht! Zunächst einmal fuhr Hartmut mir ein paar Runden vor und demonstrierte betont seine Gewichtsverlagerung, um die Kurven zu meistern. Dann sollte ich hinten drauf mitfahren und die gleichen Bewegungen machen. Das war sehr hilfreich, denn auf einmal waren für mich als Sozia die Kurven viel besser zu bewältigen. Das galt es im Anschluss auch für mich als Selbstfahrer zu tun.

Dann war ich an der Reihe. Hartmut wies mich ausführlich in die Bedienelemente ein und ich probierte erst einmal alles im Stand aus. Logischerweise war das Wichtigste das Bremspedal und die Handbremse. Im Gegensatz zum Zweirad kommt der Fußbremse beim Trike ein höherer Stellenwert zu. Dies war für mich eher einfach, da man diese Technik vom Autofahren gewöhnt ist.

Die ersten Übungen bestanden also nur aus Anfahren und Anhalten. Ganz piano. Danach eine überschaubare Kurve und wieder Anhalten und Anfahren. Eine ganze Stunde probierte ich dies mit lediglich dem ersten Gang aus, bis ich dann auch mal in Gang zwei hoch schaltete. Es ging immer besser und ich würgte kaum noch ab. Während der zweiten Stunde wies mich Hartmut in die Vollbremsung aus höherer Geschwindigkeit und ins Slalomfahren ein. Dazu stellte er ein paar Hütchen auf eine Linie. Und – na klar – ich semmelte anfangs die Dinger ziemlich oft um, denn das Dreirad hatte hinten eine Breite von immerhin 1,30 Meter.

Nach zweieinhalb Stunden war mein Coach zufrieden und schickte mich auf die Straße durchs Industriegelände.

Erst war ich skeptisch, doch ich sagte mir: „Bremsen kann ich, Kurven fahren kann ich und die Sache mit dem Rückwärtsfahren habe ich auch schon gelernt. Also los!"

Ich hatte Glück und war allein unterwegs. Kein Fahrzeug weit und breit. Ich probierte hier nun alles, was ich zuvor im Schonraum erfahren hatte und war mit mir ganz zufrieden. Auf einem Parkplatz übte ich sogar das Rangieren, es klappte. Schließlich hatte ich es drauf, auch in die anderen Gänge hoch und runter zu schalten.

Nach einer weiteren Stunde Üben kehrte ich ganz glücklich in Hartmuts Hof zurück. Die Herren hatten die Zeit inzwischen zum Kaffeetrinken und Fachsimpeln genutzt. Ich fühlte mich fit für den Heimweg auf öffentlichen Straßen. Nach einer ausgiebigen Pause verabschiedeten wir uns von meinem hilfsbereiten Privatlehrer und ich nahm die Straße nach Hause unter die Räder.

Thomas fuhr als Beschützer mit Auto und Anhänger hinterher. Natürlich fuhr ich zunächst eher verhalten, dafür aufs höchste konzentriert, da ja jede Kurve anders geschnitten war und ich kein Risiko eingehen wollte. Lange Geraden waren kein Problem, haben wir aber im Westerwald kaum. Günstig war zudem, dass am Samstagabend nicht mehr viel auf den Straßen los war.

So fuhren wir daheim vor die Garage und rangierten unseren Neuzugang vorsichtig hinein. Die Augen der Nachbarn wurden schon ziemlich groß, als sie mein ungewöhnliches Gefährt am nächsten Tag ausgiebig bestaunten. Sie gratulierten mir herzlich und wünschten allzeit gute Fahrt.

Eins war mir jedoch von vornherein klar: Von alleine bekommt man keine Routine. Man muss regelmäßig etwas dafür tun. Also machte ich jeden Tag meine neue Errungenschaft startklar und befuhr eine kleine Rundstrecke über die Dörfer. Hier gab es vorwiegend sehr einsame Straßen mit ganz vielen Kurven. Ich machte meine Bremsübungen, fuhr Slalom, machte Ausweichübungen und probte das Anfahren am Berg. Immer wieder, jeden Tag. Dabei wurde ich immer sicherer. Ab und zu begegnete mir ein Trecker, aber auch diese Situation war bald kein Problem mehr für mich. Ich wollte vor unserer ersten gemeinsamen längeren Fahrt die nötige Routine bekommen. Das erwies sich als recht nützlich. Ich lechzte förmlich täglich danach, mit meinem Dreirad die bekannte Runde zu drehen.

Eines Tages zogen Wolken auf und ich hatte es zuvor nicht geschafft, meine Übungseinheit zu bewältigen. Ich war hin- und hergerissen, entschloss mich aber doch zu starten, zumal der Wind die Wolken in eine andere Richtung zu treiben schien. Dachte ich. Falsch gedacht! Wie immer, am entferntesten Punkt, fing es an zu regnen.

„Oh, nein, meine arme Maschine. Sie wird ja ganz nass!", so meine erste Reaktion.

Mir persönlich war der Regen eher egal. Man selbst kann sich ja später trocknen. Aber meine blütenweiße Schönheit sollte keinen einzigen Schmutztropfen abbekommen.

Da ich meine Hausstrecke kannte, wusste ich, dass hinter der nächsten Kurve eine Bushaltestelle lag. Ich visierte das kleine Häuschen an und versuchte in meiner Verzweiflung mein Dreirad rückwärts unter das Dach zu platzieren. Dabei stellte sich jedoch heraus, dass das Gefährt größer und das Häuschen kleiner waren, als ich es mir im Geist vorgestellt hatte. Es passte partout nicht hinein. Schräg gegenüber stand ein großer, alter Laubbaum. Darunter suchte ich dann Zuflucht. Doch auch dieser Schutz nützte nicht wirklich und so blieb mir nichts anderes übrig als weiterzufahren.

Zu Hause angekommen besah ich mir mein trauriges Schmuckstück. Auch Thomas schaute mich mitleidig an, sein Mitleid galt allerdings eher meiner tropfnassen Erscheinung.

„Für mich war es nicht schlimm, aber für meine Maschine", klagte ich ihm mein Leid.

„Ach was! Das kriegen wir wieder hin! Ich helfe dir beim Putzen", tröstete er mich.

Viel später, als wir dann unsere großen Touren fuhren, war Nasswerden eigentlich kaum noch ein Thema. Dass die Maschinen dann richtig einsauten, war zwar nicht spaßig, aber auch kein Drama. Da hieß es anschließend eben lediglich: „Putzen ist angesagt!"

Nach zwei Wochen täglichen Übens war es dann so weit: Wir wollten einen größeren Ausflug in die Umgebung machen. Das Üben auf meiner Hausstrecke behielt ich allerdings auch anschließend noch eine Weile bei, da es mir immer mehr Sicherheit gab. Diese Hausstrecke sollte für mich noch einmal eine Bedeutung haben, aber davon erzähle ich euch später.

Unterwegs auf drei Rädern

12. Die erste Ausfahrt

Am Wochenende ging es dann los: Ich fühlte mich inzwischen recht wohl auf meiner weißen Lady, Zeit hatten wir auch ausreichend und das Wichtigste: Das Wetter spielte mit. Also planten wir, eine nette Rundtour durch den Westerwald zu unternehmen. Bereits als „Zwei auf einer Maschine" hatten wir gute Erfahrungen damit gemacht schon vor dem Frühstück, was bei uns sonntags eher den Namen „Spätstück" verdiente, zu starten, um dann irgendwo unterwegs nach ein paar Kilometern dasselbe in einem netten Café einzunehmen. Das hatte den großen Vorteil, dass wir den Morgen nicht vertrödelten und schon ein kleines Wegstück zurückgelegt hatten, bevor es als „Belohnung" leckere Brötchen gab. Mir lag diese Gepflogenheit sowieso, da ich frühmorgens eher der Nichtfrühstückertyp bin. Bei Thomas meldeten sich aber reflexartig direkt nach dem Aufstehen die Magenrezeptoren in Form von unüberhörbarem Knurren. Wenn er in diesem Stadium nicht in absehbarer Zeit etwas zwischen die Beißer bekam, wurde er zum Werwolf! Also galt es, zügig zu starten.

Wir steuerten ein kleines Café an, das wir bereits von anderen Ausfahrten kannten. Der Kaffee war gut und man konnte sich die weiteren Teile des Frühstücks nach Belieben zusammenstellen. Die Morgensonne zeigte sich von ihrer besten Seite und so war es möglich, draußen Platz zu nehmen. Ist ja auch irgendwie bikertypisch: Man sitzt ja am liebsten gleich neben seiner Maschine, um sie im Blick zu haben und um die Reaktion der Vorbeikommenden zu beobachten. Im besten Fall realisiert man dann aus den Augenwinkeln, wie das motorisierte Pferd Anklang findet. Dabei ist es eigentlich egal, ob die Betrachter etwas von Motorrädern verstehen oder nicht. Jede Art der Bewunderung macht einen stolz und lässt Glückshormone frei werden; ist sozusagen eine wunderbare Therapie gegen Alltagsstress und Traurigkeit.

Bisher übertrug ich als Sozia dieses Gefühl natürlich immer indirekt von Thomas Maschine auf meine Emotionen, war also kollektiv mitglücklich. Das hatte zwar auch schon etwas, war aber kein Vergleich mit einer eigenen direkten Erfahrung. Die unmittelbare Beziehung zwischen eigenem Fahrzeug und Fahrer ist viel bedeutungsvoller! Im Idealfall ist das Gefährt ja fast ein Teil des Besitzers. Oder umgekehrt? Ach nein, das galt ja nur für tatsächliche Pferde - oder aber Hundebesitzer.

Nun muss ich dazu sagen, dass wegen der gemeinsamen Optik Thomas seine wunderschöne, rötliche Harley gesattelt hatte, selbst redend blank poliert und mit allerhand Zubehör ausgestattet. Weder das kleine Glöckchen gegen die missgünstigen Straßengeister fehlte noch das knuffige Bikerbärchen mit Lederkäppchen am Lenker. So standen die beiden Schönheiten einträchtig nebeneinander und glänzten in der Morgensonne um die Wette. Beide blickten wir zwischen Kaffee- und Brötchenverzehr voller Stolz immer wieder auf unsere motorisierten Lieblinge. Dann begann das „Drama".

Mit dem Auto fuhr ein Ehepaar gesetzteren Alters vor und stieg aus. Ganz verzückt stieß die weibliche Hälfte des Paares einen Laut der Bewunderung aus und auch der ältere Herr zog anerkennend die Augenbrauen hoch. Doch nein, nicht wegen der bewunderungswürdigen Harley sondern wegen *meines* ungewöhnlichen Gefährts! Sie umrundeten mein Dreirad und beäugten alle Details eingehend. Dann wurde ihnen klar, dass *wir* zu den Maschinen gehörten, da wir ja in der Nähe die einzigen Menschen in Motorradkluft waren.

„Nein, ist das eine schöne Maschine", äußerte sich die nette Bewunderin und fragte mich sogleich nach dem Typ.

Ich gab bereitwillig Auskunft und dann wünschte mir das Paar gute Fahrt. – Thomas war abgemeldet. Seine Harley interessierte nicht. Ich dagegen wurde gleich fünf Zentimeter größer vor Stolz. (Schön wär´s!)

„Nun ja," dachte ich mir, „das Paar hat eben ein solches Fahrzeug noch nie gesehen."

Unsere Fahrt ging weiter. Langsam hatte ich den Bogen raus, auch die langgezogenen Kurven mit einer angemessenen Geschwindigkeit zu fahren. Diese bereiteten mir auf meinem Dreirad eigentlich von allen Situationen die meisten Probleme, da bei zirka 80 Stundenkilometern in einer langen Kurve die Fliehkraft ziemliche Ausmaße erreicht. Also war Achtsamkeit gefragt. Enge Kurven hingegen waren kein Problem, da ich auf drei Rädern nicht ausholen musste, wie man es gewöhnlich mit einem Zweirad tut.

Immer wieder drehten sich in den Ortschaften Passanten nach uns um, was ich als Sozia hinter Thomas auf seiner Maschine überhaupt nicht erlebt hatte. Also war offenbar mein Gefährt Ursache für das unerwartete Interesse. Dann ging ein breites Grinsen über mein Gesicht und Glückshormone wurden frei!

Beim nächsten Stopp, auf dem Parkplatz eines alten Klosters, ein potenziertes Déjàvu: Eine Gruppe älterer

Damen um die 80 Jahre alt blieb neben uns stehen. Sie lächelten freundlich und grüßten mich.

Eine von ihnen sagte: „Nein, das ist aber ein tolles Gefährt! Wie praktisch und wunderschön zugleich!"

Ich bedankte mich und erzählte kurz, wie ich dazu gekommen war. Sodann stellte sich heraus, dass sie und auch andere Damen aus der Gruppe früher selber Motorrad gefahren waren. Eine war nach dem Zweiten Weltkrieg als motorisierte Briefträgerin unterwegs gewesen, eine andere als Hebamme auf zwei Rädern. Wieder eine andere schien sogar größere Reisen mit einem Motorrad unternommen zu haben. Bikerinnen unter sich!

Ich staunte, wie schnell man so auf diese Art mit total fremden Menschen ins Gespräch kam. – Thomas war mit seiner schweren Harley nur Randfigur, Statist sozusagen.

„Na, da bin ich ja wohl abgemeldet", beklagte er sich – allerdings nur im Scherz, denn ihm gefiel das Interesse an meiner Maschine ebenfalls.

Am späteren Nachmittag fuhren wir dann noch bei einem Motorradtreff vor. Ich gebe zu, dort bei den „harten Kerlen" sah es wieder etwas anders aus. Nur sporadisch drehte sich jemand nach meinem Trike um, dafür begeisterten sich die meisten männlichen Biker eindeutig für Thomas Harley. Mein Gefährt schien eines „richtigen" Bikers wohl zu unwürdig.

„Ist ja nichts Halbes und nichts Ganzes", äußerte sich ein Schwergewicht, „Vereint die Nachteile eines Autos mit den Nachteilen eines Motorrads."

Nun ja, soll jeder seine eigene Meinung haben; mir jedenfalls gefiel mein Schneewittchen außerordentlich gut und tat mir richtig gute Dienste. Ich gewöhnte mir sogar an, damit bei trockenem Wetter zur Arbeit zu fahren. Hierbei sparte ich allerhand Sprit und hatte bereits früh morgens ein gewisses Urlaubsfeeling. Außerdem stellte sich durch den zusätzlichen täglichen Gebrauch weitere Routine beim Fahren ein.

Ich brauche eigentlich gar nicht zu erwähnen, dass meine Kollegen ganz aus dem Häuschen waren, als sie mich das erste Mal auf den Parkplatz einfahren sahen.

Außerdem fand meine Neuerrungenschaft auch bei den weiteren Touren im In- und Ausland immer wieder erstaunlich viele Bewunderer. Davon später mehr.

13. Ein Hotel, das es in sich hat

Drei Monate später starteten wir zu unserer ersten großen mehrwöchigen Tour. Sie sollte von zu Hause losgehen und noch nicht in die Alpen führen, da ich erst einmal Erfahrung auf „einfacheren" unbekannten Straßen bekommen wollte. Wir entschlossen uns, eine Norddeutschland-Polen-Rundfahrt zu unternehmen. Sie führte im Groben zunächst quer in den Harz, dann nach Meckpomm zur Seenplatte, schließlich an die Ostseeküste nach Daarß, weiter nach Rügen und Usedom, an der Ostseeküste entlang bis Danzig, zurück quer durch Nordpolen bis Frankfurt/Oder und anschließend über Erzgebirge und Vogelsberg wieder in die Heimat. Wir hatten etwa vier Wochen Zeit und planten Tagesetappen zwischen 150 und 350 Kilometern, je nach Sehenswürdigkeiten. Angedacht waren auch ein paar mehrtägige Zwischenstopps, insbesondere am Meer um zu relaxen. Und so, wie wir die Reise geplant hatten, konnten wir sie auch abfahren, ich auf meinem geliebten Dreirad, Thomas auf seiner schicken Road King.

Wir übernachteten sehr spontan und suchten von einem Tag auf den anderen über Hotelportale ansprechende, aber günstige Unterkünfte. Dies war eine ausgesprochen gute Methode, da man hierdurch flexibel blieb, sowohl was den Ort der Übernachtung als auch die Aufenthaltsdauer anging. Diese Art behielten wir auch auf unseren späteren Touren bei. Und in der Regel entsprach das Niveau des Hotels beziehungsweise der Ferienwohnung der Beschreibung im Internet.

Bei unserer Etappe von Danzig nach Frankfurt/Oder hatten wir uns entschlossen, eine Zwischenübernachtung einzulegen. Aus mehreren Gründen: Zunächst besuchten wir vor der Abfahrt noch den Harleyshop in Danzig. Hier erblickten wir nach dem Einkauf einen bedrohlich schwarzen Himmel. Wir waren hin- und hergerissen, waren wir doch bisher auf der Tour entweder dem Regen davongefahren oder aber die Wolken hatten sich bereits entleert, als wir eine bestimmte Strecke befuhren. Aber nun schien es der Wettergott doch einmal anders mit uns geplant zu haben. Jedenfalls zwängte ich mich in meine Regenkombi und in annähernd wasserfeste Überschuhe; Thomas war ja durch sein Goretex bereits geschützt.

Und bei der Ausfahrt aus der einmalig schönen alten Hansestadt ging ein Wolkenbruch herunter, den ich so noch nicht erlebt hatte. Stehen bleiben war unmöglich, da wir uns bereits auf einer Schnellstraße ohne Standstreifen befanden. Zudem war die Sicht sehr begrenzt und die Hinweisschilder waren natürlich mit polnischen, für uns kaum lesbaren Namen versehen. Mit Hilfe von Navi und Helmkommunikation gelang es uns aber letztlich, die richtige Richtung einzuschlagen und am Ortsausgang eine überdachte Tankstelle mit Imbiss zu finden. Hier hieß es dann zunächst einmal: auswringen, trocken legen und aufwärmen.

Anschließend hatte sich die gewaltige Regenwolke wohl gänzlich entleert und wir konnten bei strahlendem Sonnenschein weiterfahren. Weiter - und weiter – und weiter immer geradeaus! Annähernd 360 Kilometer geradeaus! Falsch – einmal ging es nach rechts ab. Ich fand das toll, entspanntes Dahingleiten war möglich. Thomas hingegen fluchte vor sich hin; er fand diese Strecke nur öde und ermüdend. Also suchten wir nach ein paar Stunden doch eine Übernachtungsmöglichkeit, um Energie zu tanken. Über besagtes Hotelportal wurden wir dann fündig, und zwar in Gorzow Wlkp. (Ich gebe gerne zu, dass ich den Namen dieser gar nicht kleinen Stadt bis heute nicht ohne Nachzusehen behalten, geschweige denn aussprechen kann.)

Unser Hotel schien ein echtes Schnäppchen zu sein. Ein Hoteldiener trug unser Gepäck herein, das Zimmer war groß und edel eingerichtet, der Speiseraum schon eher ein Saal – und wir waren die einzigen Gäste! Nun, das war eigentlich keine ganz neue Erfahrung für uns, waren wir doch tatsächlich schon mehrmals allein in einem Hotel. Einmal stand ein herrschaftliches Schlosshotel gerade kurz vor der Insolvenz, ein anderes Mal hatte sich eine Neueröffnung noch nicht herumgesprochen, einmal erwischten wir aber auch eine Bruchbude, die wohl keiner wollte. (Wir allerdings dann auch nicht.)

Wir machten uns frisch und suchten den Speisesaal mit gemischten Gefühlen auf. Ob wir denn überhaupt etwas zu essen bekämen? Aber dies war kein Problem. Service und Küche funktionierten und wir konnten nach diesem „harten" Tag leckere polnische Spezialitäten bestellen.

„Was trinken wir dazu?", fragte Thomas. Er lechzte nach einem kühlen Blonden und ich wollte mir zum Fisch einen Weißwein gönnen.

Klang einfach, war es aber nicht. Das Mädel vom Service erklärte uns in gebrochenem Deutsch, dass wir wohl alkoholfreie Getränke bekommen könnten, für etwas Alkoholisches müssten wir aber gegenüber einen kleinen Supermarkt aufsuchen. Sie würde dann aber gerne unsere gekauften Spirituosen in Gläser füllen und uns servieren. Erst dachten wir, wir hätten sie nicht korrekt verstanden. Aber sie wiederholte alles und zeigte uns durch das Fenster auch den Laden mit den begehrten Getränken. Das Hotel habe keine Konzession für alkoholische Getränke.

„Alles klar", dachten wir, „andere Länder, andere Sitten."
Etwas Bewegung vor dem Essen tut ja bekanntlich gut. Also machte sich mein Gemahl auf, die begehrten alkoholischen Getränke zu organisieren. Kurz darauf kehrte er mit einer gut gefüllten Plastiktüte zurück, gab diese der Bedienung und flugs bekamen wir unsere alkoholischen Getränke in edlen Gläsern serviert. Das Essen kam, sah nicht nur gut aus, sondern schmeckte auch vorzüglich und wir hatten günstig erworbene feine Getränke dazu. Was wollte man mehr nach einem solchen Tag?

Doch, da könnte es schon noch etwas geben! Als sich unsere Mahlzeit dem Ende näherte und wir langsam ans Bezahlen dachten, gesellte sich die nette Servicekraft an unseren Tisch und empfahl die im Keller gelegene Bar des Hauses. Unser Einwand, dass es ja hier nichts Alkoholisches gäbe, wurde von ihr sofort entkräftet.

„Nein, nein, in der Bar gibt es alles, was man nur will!", beteuerte sie.

Nun, einen kleinen Absacker könnte man sich ja gönnen, so unsere Überlegung, zumal die Preise für solche Genüsse nach unserer Rückkehr in Deutschland bald ja wesentlich höher liegen würden. Ich stellte mir einen leckeren Cocktail vor und Thomas fand ein kleines Schnäpschen zur Verdauung nicht abwegig.

So verlegten wir unseren Standort eine Etage tiefer, in die Katakomben. Es ging über eine verdunkelte Treppe mit Lichtleiste an den Stufen durch einen schwarzen Samtvorhang in eine Bar vom Feinsten. Die Theke war indirekt beleuchtet, als Sitzgelegenheiten dienten mit rotem Lackleder bezogene Sesselchen in lauschigen Nischen, hinter dem Tresen agierte ein schmuck angezogener Barkeeper in weißem Hemd mit Fliege und die flotte Discomusik wurde rhythmisch durch eine bunte Lichtorgel untermalt. Eine Bar wie aus dem Bilderbuch – und wir waren die einzigen Gäste!

Die einzigen? Nein – in einer Nische erblickten wir bei näherem Hinsehen eine Gruppe jüngerer Frauen. Ich dachte sofort an die adäquaten Gruppierungen meiner Heimat, sprich Möhnen (das sind karnevalistische Frauen im Rheinland) auf Tour oder an die gesellige Gemeinschaft der Landfrauen. Nicht abwegig, wo doch Polen – wir sahen es ja auf unserer Durchfahrt – sehr landwirtschaftlich geprägt ist.

Wir platzierten uns auf zwei Barhocker und bestellten einen Schnaps sowie einen Campari-Orange. Nach einigem Suchen fand Barkeeper Petr eine Campariflasche, die aber offensichtlich schon Jahre stand und noch nie geöffnet worden war. Jedenfalls brauchte er zehn Minuten, etliche Schweißtropfen und allerhand Tricks, von warmem Wasser bis zur Rohrzange, bis sie sich schließlich ergab. Ich war dann etwas unsicher, ob ich überhaupt noch meinen Cocktail wollte, dachte aber dann, dass Alkohol sozusagen desinfizierend sei und ich keinen größeren gesundheitlichen Schaden davon tragen würde.

Während der Wartezeit füllte sich die Tanzfläche. Nein, nicht mit neuen Gästen, sondern mit den lustigen Mädels aus der Nische.

„Mann", dachte ich, „die haben sich ja vielleicht aufgebrezelt!"

Die meisten trugen superkurze Miniröcke mit Netzstrümpfen oder knallenge Lacklederhosen, dazu neonfarbene Trägertops oder transparente Blusen, die Einblicke in tiefere Gefilde erlaubten. Behängt waren die Schönen mit allerhand Klunkern, Kettchen und Glitzergürteln. Beim immer wilderem Tanzen ließen sie ihre langen blonden oder tiefschwarzen Haare wehen und ihre schlanken Finger mit den rot lackierten Nägeln zucken.

„Hm. So tanzen unsere Möhnen oder Landfrauen nicht", ging es mir durch den Kopf.

Thomas schaute derweil äußerst interessiert zu. Ich blickte nur heimlich aus den Augenwinkeln in Richtung Tanzfläche, meinte ich doch, es sei den Damen vielleicht peinlich, beobachtet zu werden. Tja, Mädels, ich bekenne mich dazu: Ich komme vom Land und bin mit den Gebräuchen der Großstadt einfach nicht vertraut! Zudem dachte ich noch, die exzentrische Kleidung hätte etwas mit dem einheimischen Geschmack zu tun.

Aber spätestens als zwei Schönheiten dann aufreizend mit den Hüften schwingend in Richtung Thomas´ Barhocker tanzten, ging mir ein Licht auf. Nein, kein Licht, ein ganzer Kronleuchter! Und dann kam der Hammer Nummer zwei: Eine andere Tänzerin bewegte sich auf mich zu und lächelte mich verträumt an.

Nun gibt es zwei Möglichkeiten: Ich verlasse das Thema dieses Buches und wende mich der erotischen Literatur zu. (Das könnte euch so passen!)

Oder: Mein Gemahl und ich tranken zügig die Absacker aus, bezahlten, wünschten allseits eine gute Nacht und flüchteten ins gebuchte Hotelzimmer.

Entscheidet selber, wie die Geschichte ausgegangen ist!

14. Fatale Kirschweinfolgen

Wir fuhren in diesem ersten Jahr auf fünf Rädern noch allerhand kleinere Touren und jeweils war mir und meinem Dreirad Bewunderung gewiss. Ich selber fühlte mich im Laufe des Jahres richtig heimisch auf meiner weißen Lady. Ich kannte sie inzwischen in- und auswendig und wusste, wie sie reagierte. Jeder noch so kleine Winkel war von mir ergründet worden.

Einmal sogar durch ein ziemlich dramatisches Erlebnis, verbunden mit allerhand Herzklopfen. Bei einer Kurztour hielten wir ein paar Kilometer vor unserer Unterkunft bei einem Straßenstand mit landwirtschaftlichen Produkten. Wir deckten uns mit etwas frischem Obst ein – und dabei entdeckte ich, dass die Bäuerin auch verlockenden Kirschwein im Angebot hatte. Ich konnte nicht widerstehen, mir für den Abend ein Fläschchen des fruchtigen roten Topfens mitzunehmen. Ich zahlte die Summe aus meinem Portemonnaie und es ging ans Einpacken. Mein Kofferraum und Thomas Gepäckkoffer waren schon belegt und somit musste alles noch in mein auch schon reichlich gefülltes Topcase verstaut werden. Doch Obst und Flasche passten noch so gerade oben drauf; dann schloss ich rasch den Deckel, damit nichts verrutschte.

Wir hatten einen netten, lustigen Abend mit dem leckeren Obstwein direkt vom Erzeuger und eine angenehme Nachtruhe in einem bequemen Bett. Als es am nächsten Morgen ans Bezahlen ging, suchte ich meine Geldbörse. Natürlich war bereits alles andere verpackt und verladen.

„Nur die Ruhe", sagte ich mir, „irgendwo wird sie sich schon versteckt haben."

Aber an den gewohnten Plätzen war sie partout nicht aufzufinden. Also blieb mir nichts anderes übrig, als wieder alles abzuladen und auszupacken. Nichts. Allmählich wurde mir mulmig. Hatte ich doch in meinem kleinen Portemonnaie außer Bargeld auch EC-Karte und Führerschein. Ich zermarterte mir mein Gehirn, wo sich das kleine Schwarze denn verlaufen haben könnte.

Klar, bei der Obsthändlerin, ein paar Kilometer weiter vor unserem Hotel! Also machten wir uns auf die Räder und fuhren zurück, nachdem mein Gemahl die Rechnung beglichen hatte. Zunächst fragten wir die Landfrau, ob sie gestern etwas gefunden habe. Fehlanzeige. Dann suchten wir nochmals den ganzen Parkplatz vor dem Obststand ab. Auch nichts. Aber eigentlich konnte nur hier beim ungeschickten Einladen die Geldbörse abhanden gekommen sein. Schließlich waren wir der Meinung, dass sie ein Passant entdeckt und mitgenommen hätte.

Also galt es zunächst einmal, die EC-Karte sperren zu lassen. Ein Anruf bei der Hausbank genügte. Aber wir wollten ja weiterfahren – und das ohne Führerschein? War riskant, aber irgendwie mussten wir ja von der Stelle kommen. Da ich meinen Personalausweis in einer anderen Tasche aufbewahrte, sagte ich mir, dass bei einer möglichen Kontrolle aufgrund meiner Daten sicher festgestellt werden könnte, dass ich eine Fahrlizenz besitze. Schließlich waren wir schon ein paar Hundert Kilometer von zu Hause entfernt.

Wir machten uns also auf zur nächsten Etappe. Diese war nicht so lang. Wir übernachteten bei Freunden und erzählten von unserem Dilemma. Tags darauf wollten wir Polizei und das regionale Fundbüro aufsuchen, um nach meiner Geldbörse zu forschen. In der Nacht gab es einen kräftigen

Regenguss und unsere Maschinen wurden in Ermangelung einer Garage in der Parkbucht der Wohnstraße richtig nass. Am nächsten Morgen galt es dann zunächst einmal, die Gefährte im Groben abzutrocknen. Ich wienerte Frontscheibe, Spiegel, Sitz, Rückbank – und traute meinen Augen kaum!

Zwischen Rückbank und Topcase befindet sich eine schmale Rille. Und ihr könnt euch vorstellen, was da lag: meine Geldbörse! Mattschwarz, unscheinbar, unschuldig – und pitschnass! Offenbar war sie beim Einladen des Kirschweins zwischen Deckel und Topcase-Wanne nach hinten durchgerutscht und hatte es sich darunter anderthalb Tage bequem gemacht. Sie war dort so gut versteckt, dass sie niemand beim Parken auf der öffentlichen Straße bemerkt hatte.

Ich schrie zalandomäßig vor Freude und unsere Freunde blickten mich erstaunt an. Dann merkten sie, was der Grund für meine Begeisterung war und waren ebenfalls erleichtert. Thomas ebenso – war damit ja klar, dass er nicht alleine die weitere Zeche bezahlen musste. Denn außer der Nässe war nichts passiert; Geld, Karte und Führerschein lagen vertraut wie immer nebeneinander im Fach.

An diesem Tag musste mich mein Ehemann doch noch „aushalten", schließlich konnte man ja keinem zumuten, klatschnasse Geldscheine in Empfang zu nehmen. Diese mussten mit dem Lederetui abends erst einmal gründlich an der Heizung getrocknet werden. Tags darauf ließ ich meine EC-Karte entsperren und war wieder zahlungsfähig. (Leider!)

Seit dieser Zeit verfahren wir mit dem Sichern unserer Papiere wie folgt: Wir haben alle Dokumente gescannt und in einer gesicherten Cloud abgespeichert, so dass wir von überall im Internet darauf zugreifen können. Gott sei Dank mussten wir bisher von dieser Notfall-Maßnahme keinen Gebrauch machen.

15. Alpentour mit Föhnwelle

Das Folgejahr verlief komplett anders als geplant. Bereits im Frühjahr war eine zweiwöchige Rundtour durch die Beneluxstaaten vorgesehen und im Sommer eine längere Tour durch Süddeutschland. Dazwischen kleinere Ausflüge am Wochenende. So war unsere Vorstellung – bis der Schnee alles zunichte machte. Nein, kein Schnee zu Ostern und auch kein Wintereinbruch im Sommer. Es lag lediglich am Schneeschippen in Schlappen. Und zwar beim letzten kurzen Aufbäumen des Winters Mitte März.

Jedenfalls lag Thomas anschließend mit doppeltem Sehnenabriss am Knie im Krankenhaus, ging danach zwei Monate an Krücken, rutschte kurz vor Kurantritt nochmals im Schwimmbad aus und lag wieder für zwei Monate flach. Motorradfahren ging gar nicht, klar. Also tuckerte ich zwischendurch alleine so vor mich hin und versuchte zumindest den Weg zur Arbeit ab und zu auf drei Rädern zu genießen. Die missliche Lage hatte nur einen Vorteil: Das Wetter war in diesem Frühjahr grottenschlecht, so dass es meiner besseren Hälfte nicht allzu schwer fiel, aufs Motorradfahren zu verzichten. Gott sei Dank war es für Thomas möglich, als die Operationswunde verheilt war, mit seiner Neoprenschiene das nahegelegene Thermalbad zu besuchen, so dass seine Muskelmasse nicht komplett dahinschwand. Beim zweiten Sehnenriss allerdings rutschte unsere Stimmung beiderseits auf den Tiefpunkt. War damit doch klar, dass nach der verpassten Frühjahrstour auch unsere geplante Sommerreise ersatzlos zu streichen war.

Doch es hatte keinen Zweck, nur Trübsal zu blasen, und so schauten wir nach Alternativen. Klar war, dass der Pechvogel nach nun vier Monaten Schiene und Krücken durch eine Anschlussheilbehandlung, im üblichen Sprachgebrauch Kur genannt, möglichst schnell wieder muskel- und sehnenmäßig auf Vordermann gebracht werden sollte. Und das Ganze in drei bis vier Wochen. Und ich? Sollte ich etwa vier Wochen während meines Urlaubs alleine zu Hause sitzen und die Wände anstarren? Das war nichts für mich. Einen Solourlaub konnte ich mir auch nicht vorstellen, dafür hing ich zu sehr an den gemeinsamen Erlebnissen mit meinem Traumbiker. Also was tun?

Da ich Zeit meines Lebens intensiv diverse Sportarten ausgeübt hatte, waren bei mir die ein oder anderen Wehwehchen eingekehrt, die ich bisher aber durch Zähnezusammenbeißen übergangen hatte. Doch schon vor ein paar Jahren ließ ich mir die verknorpelten Kapselrisse, die gedehnten Bänder und geschrumpften Bandscheiben per Röntgenbild dokumentieren. Zuletzt hatten sich im Winter nach einem rasanten Schlittenfahrtnachmittag mal wieder Knieprobleme gezeigt und eine Schulter beschwerte sich bisweilen durch Umschlagen einer Sehne. Nach einem Besuch bei meinem Orthopäden war klar: Verbesserungen konnte es für mich nur durch eine Kur geben. Da ich bereit war, diese mit meinem Urlaub zu koppeln, war die Zusage der zuständigen Stellen relativ einfach.

„Super, ich fahre mit dir!", verkündete ich meiner besseren Hälfte freudig das Ergebnis meiner Bemühungen.

Das bedeutete für Thomas allerdings: Kurschatten ade! Dafür träumten wir aber schon wieder von gemeinsamen Ausfahrten auf fünf Rädern. Wir stellten uns als Örtlichkeit für die Regeneration das Alpenvorland vor, um im Anschluss noch eine Weile durch das Gebirge zu touren. Aber war dieser Wunschtraum überhaupt realistisch? Machte das Knie mit und ließ sich in kurzer Zeit der Muskelaufbau bewältigen? Unmittelbar vor Kurantritt, als Thomas seine Schiene nicht mehr benötigte und er bereits durch Trocken- und Wassertraining eine gewisse Beugung erlangt hatte, kam es zum ersten Test: Er setzte sich auf mein Dreirad. Da es sich ja um einen Chopper handelte, ruhten die Beine relativ weit vorne und der Kniewinkel war entsprechend groß. Thomas jubelte. Endlich saß er wieder auf einem Bike und die Sitzposition war entspannt möglich. Er unternahm eine Proberunde und kam strahlend zurück. Alles war im grünen Bereich, er konnte ab sofort auf drei Rädern wieder am Bikerleben teilnehmen.

„Aha", dachte ich mir, „ist doch gar nicht so unpraktisch, ein standfestes Alternativmotorrad zu haben."

Da nun von der Sitzposition die Harley als Chopper ähnlich konstruiert war wie mein Gefährt, schien somit ein Fahren dieser Maschine aus Sicht des Kniewinkels möglich. Allerdings galt es zunächst einmal, die Muskulatur wieder so auf Vordermann zu bringen, dass entsprechend viel Beinkraft vorhanden war, um das Gewicht der Maschine beim Rangieren und Aufrichten zu bewältigen. Das bedeutete: Trainieren, trainieren, trainieren.

Wir sahen dem weiteren Heilverlauf positiv entgegen und so rüsteten wir uns für die Kur wie folgt: Kleidung für jede Wetterlage, insbesondere Sport-, Wander- und Schwimmkleidung sowie Motorradkleidung inklusive Helme, Schuhe, Regenkombi, Packtaschen und so weiter, alles ausgelegt auf sechs Wochen. Das Ganze verstaut in unserem VW-Bus, der unseren Anhänger ziehen konnte. In demselben Thomas Road King, die schon unruhig mit den Hufen scharrte, wollte sie doch endlich mal wieder bewegt werden.

Klar, und ich? Ich sattelte mein Dreirad für den Transfer, da unser Anhänger lediglich für ein Motorrad ausgelegt war.

Bei angenehmem Wetter machten wir uns auf den Weg gen Süden, im Konvoi sozusagen. Hier sammelte ich meine ersten Erfahrungen mit längerern Autobahnfahrten – sehr komfortabel: unter Begleitschutz. Das war nun nicht gerade das Aufregendste, aber immerhin recht entspannt und wir kamen voran. Ein guter Trick, um nicht zu müde zu werden, waren auf der einen Seite ausreichende Pausen, andererseits ein Fahrzeugwechsel. So tauschten wir etwa jede Stunde unsere Fahrzeuge, also vom Bus aufs Trike und umgekehrt, und hatten damit eine neue Sitzposition sowie ein anderes Wärme- und Fahrempfinden.

Auf diese Weise fuhren wir nach etlichen Stunden recht entspannt in der Nähe des Tegernsees am Kurhotel vor. Es war später Nachmittag und einige Kurgäste saßen auf den bequemen Bänken vor dem schmucken, im Landhausstil gehaltenen Gebäude. Wir waren natürlich die Attraktion des Nachmittags. Allerdings lüfteten wir das Geheimnis nicht, was denn in unserem Anhänger verborgen war. Da ja kein Wiehern zu hören war, schied also ein Pferd als Inhalt aus!

Und wieder wurde ich von einer älteren Dame sehr freundlich angesprochen, die mein Dreirad bewunderte und sich eingehend nach Details erkundigte. Auch sie hatte vor langen Jahren ein Motorrad gefahren. Ihre Augen strahlten, als sie mir einige Erlebnisse von früher erzählte. Ich war fasziniert, wie emanzipiert und selbstständig einige Frauen der Kriegsgeneration früher schon waren. Allerdings war es damit zu erklären, dass viele von ihnen ihre Männer und Söhne im Krieg verloren hatten und auf sich selber angewiesen waren.

Wir checkten ein und bekamen für Bus und Anhänger Parkplätze auf dem Hof, während ich mein Dreirad in eine benachbarte Tiefgarage einstellen konnte. Am nächsten Tag begann der Kurbetrieb.

Falls ihr noch niemals an einer Kur teilgenommen habt und eigentlich, wie ich bis dato, Kurmuffel seid, lasst euch bekehren. Ich für meinen Teil fand diese Art der Gesundheitssteigerung außerordentlich nützlich, aber auch emotional ausgleichend. Die Anwendungen zielten haargenau auf die Beseitigung meiner Probleme, für ausreichend Entspannung sorgten Pool und Gartenanlage und die kulinarischen Genüsse verwöhnten den Gaumen, ohne dass man selber in einer Küche Hand anlegen musste.

Aber die beste Erfahrung, da waren Thomas und ich einer Meinung, waren die Kontakte zu etlichen anderen sehr sympathischen Gästen. Man kam ins Gespräch über Gott und die Welt, tauschte (natürlich auch) gesundheitliche Erfahrungen aus, sprach sich dabei oft gegenseitig Mut zu und hatte viel Spaß bei gemeinsamen Anwendungen wie Wassergymnastik oder Walken. Es entstand in relativ kurzer Zeit ein entspanntes Gruppengefühl, das ganz wichtig war für das allgemeine Wohlbefinden. Man sah aber auch, dass es etlichen Patienten viel schlechter ging als einem selbst. Von daher hatten wir eigentlich gar keinen Grund mehr zum Klagen und Verzweifeln.

Und das Beste: Thomas Beweglichkeit und Muskelkraft steigerten sich zusehends von Tag zu Tag – und damit auch seine Stimmung und gute Laune. An den Abenden gönnten wir uns nach dem Essen ab und zu kleine Ausflüge in die Umgebung mit meinem Dreirad, das Thomas ja nun ohne Probleme fahren konnte. Ich saß dann wieder als Sozia hinten drauf. Lediglich, wenn mein Mitbiker mal ein Bierchen getrunken hatte, tauschten wir die Plätze.

Das mag nun einem möglichen männlichen Macholeser ziemlich quer erscheinen, hatte aber den großen Vorteil, dass wir so immer sicher und vorschriftsmäßig den Heimweg bewältigen konnten. Ich muss noch erwähnen, dass ich als Fahrerin eines BikeConversions diese Zusatzlast eigentlich gar nicht wahrgenommen habe. Sowohl Lenken als auch Bremsen waren nicht weiter beeinträchtigt. Allerdings fuhren wir beide, wenn wir mit Sozius oder Sozia auf dem Dreirad unterwegs waren, sanfter und verhaltener, insbesondere in den Kurven, da ja, wie anfangs erwähnt, für den Beifahrer diese Situation nicht ganz so angenehm ist.

Nach zwei Wochen Kuranwendungen war es so weit: Thomas fühlte sich fit, sein Motorrad auszuladen. Mit vereinten Kräften ließen wir die Maschine an einem ruhigen Platz hinter dem Gebäude die Rampe herunterrollen. Alles war im grünen Bereich, Muskeln und Sehnen spielten mit, die Stimmung stieg, die kleine Runde ins Parkhaus war für ihn kein Problem mehr. Am nächsten Tag sollte es dann zu einer ersten Testausfahrt in die nähere Umgebung gehen. Und auch dies stellte sich als eine leichte Übung dar. Immer wieder hörte ich meinen Mitfahrer über die Helmkommunikation singen und juchzen. Hier war er nach viereinhalb Monaten endlich wieder Mensch, hier durfte er´s sein! An den nächsten Tagen wurden unsere Feierabend-Ausfahrten immer länger und am Wochenende ging es dann zu einer Sonntagstour erstmals hinein in die Alpen. Auch dort, an einer einfacheren Passstraße ließ sich die Road King von Thomas mühelos um die Kehren lenken.

Ich muss wohl kaum erwähnen, dass wir nun im Kurviertel einen besonderen Status hatten. Dieser gliederte sich in die Kategorien „Abenteurer", „Verrückte" und „Lebenskünstler". Das Positive überwog aber bei Weitem. Auf einmal wurden wir von noch mehr Menschen angesprochen, die sich für unsere Maschinen interessierten oder von eigenen Erlebnissen auf zwei Rädern erzählten.

Eine nette weibliche Kurbekanntschaft berichtete mit leuchtenden Augen von ihrer Soziaerfahrung. Da wir uns gut verstanden, machten wir einen Frauenausflug mit meinem Dreirad. Noch heute haben wir Kontakt und schwärmen von diesem Kurerlebnis.

Ferner lernten wir einen anderen Harleyfahrer kennen, dessen Maschine allerdings zu Hause im Stall stand. Er lud uns ein, ihn mal in der Nähe von Hamburg zu besuchen. Es war für mich ganz erstaunlich, wie man auf einmal durch sein Hobby netten Kontakt zu wildfremden Menschen bekam. Diese Erfahrung sollte uns immer wieder bei unseren Reisen begleiten.

Der Kurerfolg war nicht mehr zu übersehen. Daraufhin rückte unser Plan, nach der Kur noch eine Alpentour anzuschließen, in greifbare Nähe. Ein Hindernis gab es allerdings noch: die Frisur! Wir waren ja schließlich schon einige Zeit von zu Hause fort und die Haarpracht konnte sich in der gesunden alpenländischen Luft und bei der stressfreien, positiven Atmosphäre prächtig entfalten. Dabei galt es natürlich zu beachten: Zu wenig wärmt nicht und zu viel davon passt nicht unter den Helm. Außerdem wollte ich als Frau nach Abnahme desselben noch passabel aussehen. Für mich kam daher seit Beginn meiner Motorradzeit immer nur eine „Schüttelfrisur" in Frage, bei der ich im Anschluss an eine Ausfahrt lediglich wie ein nasser Hund meine Haarpracht ausschütteln musste und dann wieder einigermaßen aussah. Das klappte eigentlich immer ganz gut dank eines gekonnten Haarschnitts und gelegentlicher leichter Dauerwelle.

Diese Prozedur gönnte ich mir noch vor unserer geplanten Weiterfahrt beim örtlichen Kurfriseur. – Nein, „Friseur" war nicht der richtige Name. Es war eher ein Coiffeur, noch besser: der Meister persönlich! Ein Künstler! Ein Wesen vom anderen Stern – komplett in pink und rosa gekleidet! Ich wusste nicht, wie mir geschah! Ich wurde mit Umarmung begrüßt, in einen pinkrosafarbenen Umhang gehüllt, auf einen lachsroten Sessel komplimentiert und sah mich in einen apricot umrandeten Kristallspiegel blicken. Überall blitzten Dekoelemente in weiß, rosa und aus Kristall, an den Wänden, von der Decke, in den Regalen. Ich selber kam mir in dieser „Puderrosa" mit meinem schlichten anthrazitgrauen T-Shirt förmlich als Fremdkörper vor. Doch der Meister hofierte mich mit seinem Charme und legte seine meisterlichen Hände an, um mich zu verschönern. Natürlich war ich die einzige Kundin (nach Voranmeldung nämlich), da sich das Geschäft rühmte, wirklich individuell zu arbeiten. Außer dem üblichen Kaffee, allerdings mit einem Herzchen auf der Crema verziert, gab es ein Schlückchen Prosecco zur Entspannung.

Das Gespräch verlief locker flockig über den neuesten Tratsch aus der Promiwelt. Nun, ich gebe zu, ich kannte kaum jemanden in seinen Ausführungen, da ich weder im Vorzimmer einer Arztpraxis noch bei meinem Stammfriseur Frauenzeitschriften lese. Dennoch zeigte ich mich mächtig interessiert und stimmte immer der Einschätzung des quirligen Haarwerkers zu, allein um ihn in seiner unvergleichlichen Art schwadronieren zu hören. Dies geschah nicht nur mit der melodischen Tenorstimme sondern auch mit ausladenden, temperamentvollen Bewegungen seiner Arme. Dass er trotzdem dazwischen immer wieder die richtige Haarsträhne zur Behandlung traf, versteht sich von selbst. Ein weiterer Prosecco schaukelte die Stimmung in Richtung Höhepunkt. Nein, war das ein amüsanter, außergewöhnlicher Mensch; so ganz anders als üblicherweise seine Geschlechtsgenossen! Was ein Schuss weiblicher Hormone mehr doch so alles positiv bewirken kann!

Und die Frisur? Erst am Ende war diese wieder ein Thema für mich, fühlte ich mich zuvor doch eher wie im Boulevardtheater, einem Kabarett oder einem Kaffeekränzchen unter Frauen. Nach zwei Stunden Vergnügen entfernte der Meister in Rosa schwungvoll meinen Umhang und zeigte mir im Handspiegel sein vollendetes Kunstwerk. Was soll ich euch sagen? Das Resultat war überwältigend! Schnitt saß, Welle saß, Farbe saß. Und das Beste: Ich sah *nicht* aus, als ob ich frisch vom Friseur käme.

Ihr kennt das Gefühl? Man kommt vom Friseur, schaut zu Hause in den Spiegel und bekommt einen Schock. Irgendwie sieht man dort immer anders aus als im Laden. Man würde sich am liebsten sofort selber die Haar nochmals waschen und trocknen.

Oder man wurde bereits auf dem Heimweg angesprochen mit der einfallsreichen Bemerkung: „Ach, warst du beim Friseur?"

Welch ein Graus! Nein, für mich ist die beste Haarbehandlung die, die man nicht sieht! Ich mag eine Frisur, die aussieht, als sei sie vollkommen natürlich entstanden; ohne fremde Hilfe sozusagen. (Gibt es nicht, weiß ich ja.)

Aber genau so sah das Kunstwerk meines Kurcutters aus: eine natürliche, aber dennoch praktische Haarpracht für eine naturverbundene Bikerin. Ich war happy – und natürlich in Bombenstimmung dank des Proseccos. Daher bekam ich eigentlich *keinen* Schock. Wann? Als ich die Rechnung zu bezahlen hatte. Klar lag sie um einiges höher als gewohnt, aber ich buchte diese Mehrkosten unter Vergnügungssteuer ab. Dann geleitete mich der rosa Prinz höchst persönlich zur Türe und es gab noch mal eine vertraute Umarmung. – Aaach ja, hättest du deinen Salon – pardon, dein Atelier - näher an meinem Heimatort, ich würde mir deine wohltuende Zuwendung ab und zu gönnen!

Zurück im Kurhotel staunte meine bessere Hälfte über mein geschmackvoll gestyltes Haupthaar und beschloss, ebenfalls noch vor unserer Weiterfahrt sein Haar etwas stutzen zu lassen. Nun muss man wissen, dass Thomas seit über einem Jahr seine verspätete Rockerphase durchlebte. Sein Motorrad, also die Harley, seine entsprechende Lederkleidung und seine Haartracht bildeten ein optisches Gesamtkunstwerk! Er hatte sich mit dem Kauf dieses Kultbikes einen Kinnbart wachsen lassen und trug sein Haar nun länger. Was heißt länger? Es war inzwischen so lang, dass er es mühelos zu einem kleinen Zopf zusammenfassen konnte. Das war allerdings auch nötig, hing ihm ansonsten bei Arbeiten im Bücken das Fronthaar lästig ins Gesicht. Der Zopf stand ihm allerdings recht gut und fand bei den weiblichen Kurgästen mächtig Anklang. Hatte er doch nun etwas Verwegenes an sich, das den Abenteurer in ihm zu wecken schien. (Dachten zumindest die kurenden Damen.) Ich wusste es allerdings besser: Er hatte einfach nur keine Lust mehr, zum Friseur zu gehen.

Da ich ihm die Überraschung nicht nehmen wollte, schilderte ich keine weiteren Details bezüglich meines Coiffeurbesuchs, nur so viel, dass ich die Schnittkunst des Meisters lobte. Also wurde für den Folgetag ein Termin ausgemacht. Den kurenden Damen teilte Thomas sein Vorhaben mit, da er von Natur aus Neuigkeiten kaum für sich behalten kann. Entsprechend stieg am nächsten Tag die Spannung, als er für eine längere Zeit in Richtung Salon verschwand. Ich malte mir derweil schmunzelnd im Geiste aus, wie Meister Rosa meinen Gatten „behandelte".

„Hauptsache, das Resultat stimmt", war das Entscheidende.

Zwei Stunden später. Kurz vor dem Abendessen war die Kurklientel schon fast vollständig zum Aperitif in der Lobby versammelt, als die Haupteingangsdrehtür aufdrehte und Thomas einschwebte. Nein, das war doch nicht mein Thomas, das war – Dieter Thomas Kuhn, die singende Föhnwelle aus den neunziger Jahren! Die anwesenden Damen älteren Jahrgangs waren entzückt. Sie schlugen die Hände zusammen und signalisierten einmütige Zustimmung. Ich war entsetzt! Nein, so gestylt und bieder hatte ich mir das Resultat nicht vorgestellt. Wo war nur das Wilde, das Aufregende? Das sah ja aus, wie frisch vom Friseur!

Am nächsten Tag nach Wassergymnastik, Poolschwimmen und Dusche entpuppte sich die Frisur allerdings als guter Fassonschnitt, der mit ein wenig Gel in eine halbwegs passende Frisur gestylt werden konnte, Typ gemäßigter Rocker. Pferdeschwänzchen ging alternativ auch noch so gerade. Damit waren wir für unsere Alpentour haarmäßig gerüstet.

„Na, da hättest du mich aber vorwarnen können", musste Thomas noch loswerden bezüglich des rosaroten Haarpanthers.

„Ich wollte doch nur, dass es für dich auch ein überraschendes Erlebnis der anderen Art wird", versuchte ich mich herauszureden, nahm mir aber ernsthaft vor, ihm solche Überraschungen künftig zu ersparen.

Zwei Tage später sattelten wir auf und lenkten unsere Bikes in Richtung Zentralalpen, nachdem wir Auto und

Anhänger in einer geschützten Ecke des Kuranwesens für zwei Wochen deponiert hatten. Das Ganze hatte einen Namen: Auf zur Nachkur!

Unsere Tour führte über den Großglockner und den Plöckenpass zum Rosengarten. Von dort erkundeten wir etliche Dolomitenpässe, befuhren dann Penser Joch, Jaufenpass und Timmelsjoch. Für mich war es Neuland pur, einerseits wegen der grandiosen Landschaft, andererseits wegen der Erfahrung, Pässe zu bewältigen. Hier wurde ein entscheidender Unterschied beim Kurvenfahren zwischen dem Zwei- und dem Dreirad deutlich: Am sichersten und Kräfte sparendsten war für mich sowohl bergauf als auch bergab ein möglichst *enges* Kurvenfahren. Dabei entstand am wenigsten Fliehkraft und die Maschine ließ sich leichter lenken. Bergauf sorgte eine weitreichende Blickführung dafür, potentiellen Gegenverkehr ausreichend zu berücksichtigen. Bergab waren für mich auf dem Dreirad auch sehr enge, steile Kehren kein Problem. Thomas hingegen musste auf seiner Harley schon weiter ausholen, um eine optimale Kurve hinzubekommen, zumal seine Maschine einen relativ großen Kurvenradius besaß.

Für mich schwieriger war allerdings das Bremsen bergab. Hier war ich, da ich leider keinen Bremskraftverstärker und kein ABS besaß, noch stärker auf die Hilfe der Motorbremse angewiesen, schaltete also entsprechend früh in niedrigere Gänge. Auch hier ging ich lieber auf Nummer sicher, um die mir anfangs unbekannte Bergwelt unfallfrei zu genießen. Ich ließ mich auch nicht aus der Ruhe bringen, als ich es nicht schaffte, bergab einen Rennradfahrer, der mit 70 Sachen unterwegs war, zu überholen.

„Jeder so, wie er will und kann", sagte ich mir und blieb lieber dahinter.

Den Kopf voller gigantischer Bergwelt-Eindrücke kehrten wir nach zwei Wochen wieder zurück ins Kurstädtchen, um dann die Heimreise anzutreten. Alles war heil geblieben, Motorräder, Muskeln, Sehnen und – die Föhnwelle!

16. Auf's Navi ist Verlass

Im Jahr darauf planten wir ein größeres Abenteuer. Gesundheitlich war wieder alles im Lot und ich hatte inzwischen durch das Pässefahren in den Alpen an Erfahrung gewonnen. In unserer Mittelgebirgsregion fühlte ich mich auf den drei Rädern wie zu Hause. Auch schlechtes Wetter hatte an Schrecken verloren, wusste ich mich doch gegen Kälte und Nässe zu schützen. Hier war nach wie vor Lederkleidung mein Favorit, bei Regen mit Regenkombi übermantelt und bei Kälte mit diversen Unterschichten gepolstert. Ansonsten war die zweite Haut prima Klima ausgleichend und sogar ausgehtauglich, ein Argument, das wahrscheinlich nur ihr Mädels so richtig nachvollziehen könnt.

Für besonders heiße Tage hatte ich mir Chaps zugelegt, also lederne Beinüberzieher aus dem Westernreiterbedarf, allerdings ohne Fransen, mal will ja nicht übertreiben. Außerdem gegen Spritzwasser und Beinkälte elastische Unterschenkelstutzen, die man ohne Probleme über eine Lederhose anziehen konnte, ebenfalls von einem Reiterausstatter. Ja, ihr seht, seine Wurzeln kann man einfach nicht verleugnen.

Also gegen mögliche Wetterkapriolen geschützt, starteten wir zu einer Adriaumrundung. Irgendwie meint man ja immer, man müsse entweder ein Land, eine Insel oder ein Meer umrunden. So träumten wir schon Jahre zuvor von einer Ostseeumrundung, die wir vielleicht eines Tages noch in Angriff nehmen wollen. Die angedachte Mittelmeerumrundung wird wohl ein Wunschtraum bleiben angesichts der dramatischen Kriege und Krisen im Nahen Osten und Nordafrika.

Somit beschränkten wir uns auf einen Teil des Mittelmeeres, die Adria. Diese hatten wir schon Jahre zuvor einmal auf kroatischer Seite mit dem Auto und Fahrrädern im Gepäck bereist und staunten damals, wie kurz nach dem Balkankrieg die Tourismusbranche wieder auf die Füße gekommen war. Damals war uns schon die herzliche Gastfreundschaft aufgefallen, die die Kroaten an den Tag legten. Außerdem waren wir seinerzeit vom Preisniveau in Istrien, der nördlichen Halbinsel Kroatiens, sehr angetan, bekam man doch recht viel für seine D-Mark.

Inzwischen zahlt man allerdings wesentlich mehr, dennoch liegt das Niveau noch unter dem deutschen und italienischen. Bei dieser Reise machten wir erstmals im Voraus eine Kalkulation bezüglich der Reisekosten, wollten wir doch einige Wochen unterwegs sein und nicht wegen leerer Kasse nach Hause müssen. Da wir spontan und individuell reisen wollten, kam eine Pauschalreise nicht in Frage. Wir wollten uns täglich frei entscheiden, wie weit die Tagesetappe gehen sollte und wie lange wir an einem Ort bleiben wollten.

Diese Urlaube sind natürlich nicht die billigsten, war uns von vorne herein klar. Daher kalkulierten wir mit einer Drittelung: Ein Drittel Sprit für beide Motorräder, ein Drittel Übernachtung, ein Drittel Verpflegung und Sonstiges. Wir hatten uns vorgenommen durchschnittlich mit 150 Euro pro Tag auszukommen. Dies erschien uns zunächst mal als horrend hohe Summe, es sollte sich allerdings zeigen, dass sie eher zu niedrig angesetzt war.

Nun müsst ihr wissen, dass wir nicht mehr die Camping-Freaks sind und auch auf kulinarische Genüsse nicht ganz verzichten wollten. Wir versuchten also mit unseren Mitteln, die Kosten zu drücken. Das bedeutete: Wir handelten vor Ort möglichst gute Übernachtungspreise aus und mieden abgehobene Restaurants. Im Nachhinein lagen wir dann mit einem Durchschnitt von 160 Euro pro Tag für uns beide noch recht passabel. Später sahen wir im Fernsehen Reiseberichte über Kroatien von Pauschaltouristen einerseits und Individualtouristen, allerdings mit Auto, andererseits. Erstaunlicherweise betrugen deren Kosten das Doppelte (bei den Individualisten) und sogar das Dreifache (bei den Pauschalis).

Kleiner Exkurs: Bei unserer Norwegen-Tour im Jahr darauf hatten wir mit einem Tagessatz von 200 Euro kalkuliert, da das Land bei uns Deutschen als sehr teuer gilt. Hier lagen wir erfreulicherweise bei 170 Euro im Schnitt. Wir übernachteten meist in einer „Hytta" und versorgten uns mit Sonderangeboten aus dem Supermarkt selber.

Nach der Reisekalkulation und dem groben Plan der Rundreise starteten wir neugierig und zuversichtlich gen Süden, besuchten auf dem Weg dorthin Freunde in Bayern und überquerten, als sei es schon Routine, die Alpen über Katschbergpass und Passo di Predil. Thomas hatte sich entschlossen, seine BMW R 1200 RT zu satteln, da er mit mir eine „Tour" und keine Fahrt zur Eisdiele absolvieren wolle. Außerdem sei er wieder topfit und brauche keine Maschine mehr für Kniegeschädigte. Ich wollte nicht widersprechen, fragte ihn lediglich, ob nicht mein Dreiradchopper und seine Harley optisch besser zusammenpassen würden. Aber da war schon gepackt und seine Bayerin und mein Dreirad rollten vom Hof.

Ich hatte meine Maschine derweil technisch aufgerüstet: mit einem Navigationsgerät. Eigentlich reicht es, wenn ein Fahrer der Gruppe, also einer von uns beiden, mit dem Navi die Strecke findet. In den Alpen im Jahr zuvor kam es aber immer wieder vor, dass ich in einer Kurve etwas nachsteuern musste, da mir nicht ganz klar war, wie diese letztlich verlief. Manchmal verzögerte ich auch zu sehr und die Kurve stellte sich als ganz harmlos heraus, die man durchaus hätte schneller fahren können. Mein eigenes Navi diente also dazu, eine unübersichtliche Strecke „vorausschauender" fahren zu können. Gerade bei Kehren war mir diese Technik eine sehr gute Hilfe.

Bei neuen Zielen stellten Thomas und ich beide unser Navigationssystem ein. Dabei ergab sich ab und zu eine Differenz, obwohl wir beide ein Garmin-Gerät besaßen und ähnliche Einstellungen wählten. Genau die gleichen gab es nicht. Mein Gerät hatte allerdings eine neuere Software. Der Unterschied bestand des Öfteren darin, dass Thomas mit dem Modus „kürzeste Verbindung" durch Städte und Dörfer geführt wurde, während mein Navi mich auf einer größeren Straße um ein Ballungsgebiet herumführen wollte. Da wir ja manchmal gerade kleine, urige Städtchen erkunden wollten, folgten wir meist Thomas´ Route.

Auch in einem italienischen Bergdorf. So glatt und meist gut ausgebaut in den Apenninen auch die Landstraßen waren, so unwegsam waren überwiegend die Straßen durch die alten Ortschaften. Als Belag dienten oftmals blank gewaschene, abgerundete Marmorsteine, die im Laufe der Jahrzehnte in unterschiedlicher Höhe auf dem Grund auflagen. Das sieht natürlich in den engen, historischen Stadtkernen traumhaft aus, beruhigt zudem auch den Verkehr – und ist für einen Zweiradfahrer die reinste fahrerische Hölle, insbesondere wenn es geregnet hat. Was war ich froh, dass ich auf einem Dreirad saß! Manchmal waren diese Sträßchen so schmal, dass die gegenüber liegenden Balkone der Obergeschosse mit der frisch gewaschenen, zum

Trocknen aufgehängten Wäsche gar nicht mehr weit voneinander entfernt waren. Bisweilen saßen auf alten, klapprigen Bänken noch ältere Senioren, auf Gehstöcke gestützt, und beobachteten das Geschehen in der Gasse. Wie freuten sie sich, wenn wir ihnen zuwinkten. Damit waren wir dann Gesprächsstoff für den Rest des Tages.

In besagtem Bergdorf genossen wir also dieses Flair aus einer anderen Zeit und kamen uns auf unseren hochmodernen Maschinen eigentlich unpassend vor.

„Stimmiger wären wir auf einem Maulesel oder in einer einspännigen Kutsche gereist", dachte ich so vor mich hin.

Dabei stellte ich mit Skepsis fest, dass die Gasse immer schmaler wurde. Hatte sich mein Gemahl bei der Grundeinstellung womöglich vertan und den Fußgängermodus eingestellt? Langsam machte ich mir Sorgen, ob ich denn mit meinen 1,30 Metern überhaupt noch durchkäme. Doch auch bei mir war dieser Weg eindeutig als „Straße" vermerkt.

Ich sprach von einem Bergdorf. Dies hatte zur Folge, dass wir zunächst ziemlich steil bergauf geführt wurden. Auch hier handelte es sich schon eher um eine Gasse als um eine Straße, deren Belag (siehe oben) zusätzlich noch zu den Seiten stark abfallend verlegt war, wohl um das Regenwasser abzuleiten. Da Thomas' BMW nun doch ein Stück höher war als seine Chopper, war es nicht nur ratsam sondern absolut notwenig, bloß nicht anzuhalten. Ein Bodenkontakt mit den Füßen zu beiden Seiten wäre nicht mehr möglich gewesen und das Abfangen der schweren Maschine nur zu einer Seite wegen der extremen Schräge schier unausführbar. Beim Stillstand wäre ein Sturz unausweichlich gewesen. Also hieß es: Nicht zögern sondern durch! Wieder war ich so was von froh über meine drei Räder, wenngleich ich zirkeln musste und meistens mit etwas Neigung fuhr, um mit der recht geringen Bodenfreiheit meines Gefährts nicht aufzusetzen.

Schließlich kamen wir zu einer relativ horizontal angelegten Plaza, auf der wir erst einmal anhalten und Luft holen konnten. Die Architektur war einmalig schön und so genossen wir zur Entspannung vor einer Bar einen Cappuccino. Und Cappuccino bedeutet in Italien, ihr wisst es sicher, eine andere Dimension als bei uns zu Hause. Einfach nur delicioso!

Dann ging es weiter. Aber wer bergauf fährt, muss auch irgendwann wieder bergab, da die Landstraße, die wir nehmen wollten, unterhalb um den Ort herumführte. Und hier, ich deutete es schon an, zweifelte ich langsam an der Zuverlässigkeit des hochtechnischen Wegweisers, da sich die Straße zu einer Gasse, dann zu einem Weg und nun zu einem Pfad entwickelt hatte. Aber noch immer zeigte auch mein Navi „Straße" an. Bloß nirgendwo anecken, sagte ich mir, fuhr hochkonzentriert und zirkelte an besonderen Engstellen mit Blick auf meine Kotflügel mein Reisemobil um die Ecke. Für Thomas galt: Egal, was kommt, wenden nicht mehr möglich, da zu eng und zu steil.

Wir fuhren abwärts frontal auf ein altes, halb verfallenes Haus zu. Davor teilte sich der Pfad nach rechts und nach links. Wegen der städtebaulichen Enge war weder ein Blick in die eine noch in die andere Richtung des weiteren Verlaufs möglich. Klar war aber auch: Wir hatten nur einen Versuch. Konnten wir jetzt überhaupt noch auf Thomas Navi bauen? Welche Überraschung war jeweils hinter den Kurven? Nun kam erschwerend dazu, es war gerade Mittagszeit und kein Mensch weit und breit zu sehen, der uns mit einer Wegbeschreibung hätte helfen können.

Wir verständigten uns über die Helmkommunikation, dass wir anhalten und ich absteigen solle. Thomas musste seine schwere BMW bei dem auch noch seitlich abfallenden Belag einigermaßen ausbalancieren und mit den Fußspitzen abstützen, mehr war in diesem Moment nicht möglich. Ich quetschte mich an ihm vorbei und ging zu Fuß weiter bis zur Schicksalsstelle, der Stelle der Entscheidung. Ich wandte mich nach rechts, ging ein paar Meter weiter und sah nach einer weiteren Kurve: Treppen! Nein, das war unmöglich. Zumindest für eine schwere Tourenmaschine und für ein Trike.

Dann wieder zurück. Inzwischen sammelte sich bei mir unter dem Helm der Schweiß auf der Stirn, musste ich doch in meinen schwarzen Ledersachen in der Mittagshitze steil bergauf laufen. Ich testete die linke Variante. Der Pfad führte auch hier erst um eine weitere Kurve, dann wurde er zum Weg, dann zum Sträßchen, das schließlich ganz unten auf die Umgehungsstraße führte. Boah, geschafft! Aber leider nur per pedes. Ich wollte meinem Mitbiker diese freudige Nachricht sofort übermitteln, musste aber warten, bis wir wieder Funkkontakt hatten. Dazu musste ich erneut berghoch stiefeln. Inzwischen fühlte sich auch mein Rücken ziemlich nass an.

Also nach links, hieß die Devise, aber piano; es war eng und unübersichtlich! Thomas schlug sich tapfer und zirkelte seine 1200er um den Engpass. Auch ich musste höllisch aufpassen, um nicht anzuecken. Für mich war der Belag allerdings kein Problem; klar, wegen der drei Beine!

Unten angekommen brauchten wir erst mal wieder eine Pause zum Durchschnaufen und zum Regulieren des Wasserhaushalts. Daher nahmen wir einen kräftigen Schluck aus der Wasserpulle. Zugegebenermaßen hatte ja Thomas

Navi irgendwie Recht: Der angezeigte Weg führte schließlich in kürzester Variante durch das Dorf. Dass wir dafür allerdings die gefühlte fünfzigfache Zeit und erheblich Schweiß verbrauchten, war eine andere Sache. Aber immerhin hatte das Ganze auch etwas mit Abenteuer und Nervenkitzel zu tun. Und schließlich: Man wächst mit seinen Aufgaben. (Leider nur innerlich!)

Ein anderes Mal, auch im Apennin, führte uns Thomas´ Navi von einer Landstraße, die laut Straßenschild in unseren Zielort führen sollte, herunter. Ich versuchte erfolglos, über Helmkommunikation eine Warnung auszusprechen, aber mein angetrauter Pfadfinder entgegnete nur: „Das Navi weiß schon, was es tut."

Und außerdem, er fahre vor und sei für die Strecke verantwortlich. Ich schenkte mir also die Entgegnung, dass mein Garmin auch nicht abbiegen wolle, und folgte ihm getreu dem Motto: gemeinsam auf allen Wegen.

Der Belag wurde zusehends schlechter, die Schlaglöcher nahmen zu und wurden tiefer. Ich steuerte mühsam um diese herum, aber bei einem Dreispurfahrzeug war es ein fast unmögliches Unterfangen. Ein Rad traf meist unweigerlich ein Loch. Also hieß es mal wieder: piano. Schließlich hörte der Asphalt komplett auf und das Ganze ging über in einen Feldweg. Zunächst war dieser noch mit Kies befestigt, dann zeigte sich in der Mitte ein fetter Grünstreifen. Die Kuhlen in den Fahrspuren waren mit dem Regenwasser des Vortages gefüllt, so dass man nicht sehen konnte, wie tief sie waren. Unsere Maschinen sauten voll ein, da sie nicht zu knapp durch den Matsch mussten.

„Mein armer weißer Liebling", ging es mir durch den Kopf, wobei ich nicht meine bessere Hälfte meinte! Oh nein, denn diese hatte uns ja in besagte missliche Situation gebracht!

Aber Thomas kamen inzwischen offenbar doch Zweifel als Führungsperson, denn er ordnete bei einer etwas breiteren Stelle ziemlich genervt einen Stopp an. Wieder sollte ich, aber diesmal *auf* meinem Dreirad, den Pfadfinder spielen und nachschauen, ob der Feldweg irgendwann zurück auf die Straße führte. Das Fahren im Gelände funktionierte trotz meiner geringen Bodenfreiheit einigermaßen, indem ich auch hier in leichter Schräglage fuhr mit einer Hinterradspur auf der höheren Grasnarbe. Also holperte ich noch ein Stück weiter bis zu einer kleinen Ziegenkoppel. Welch Zufall, Ziegenpeter war auch da! Allerdings kein schmuckes, fröhliches, jugendliches Kerlchen mit Käppchen sondern ein eher grantiger Ureinwohner. Mit meinem „Italienisch für Anfänger" fragte ich, ob der Weg denn wieder auf die Landstraße führte, was er allerdings verneinte. Ich war sozusagen am Ende der Welt – allerdings mit Rückwärtsgang. Diesen brauchte ich auch, um die Ziegenidylle wieder in die entgegen gesetzte Richtung zu verlassen. Thomas hatte sich schon Sorgen gemacht, zumal unsere Kommunikation für diese Strecke nicht ausreichend war.

Ich schilderte ihm die Situation und er musste wegen des weichen Untergrunds mit allerhand Kraft seine BMW wenden. Ziemlich kleinlaut fuhren wir über die Matschpiste, die natürlich jedem Endurofahrer eine helle Freude gemacht hätte, unsere Reisemaschinen wieder auf die ursprüngliche Landstraße.

Tja, da hatte Thomas´ Navi wohl nur den Crossfahrer im Sinn, als es diese Abkürzungsvariante anzeigte.

„Das nächste Mal falle ich nicht mehr auf eine Abkürzung herein", nahm sich mein Mitbiker ernsthaft vor.

Ich verrate euch allerdings gleich, dass dieser Vorsatz nicht durchzuhalten war. Immer wieder, egal in welchen Ländern, gab es die Situation, dass wir zu Navi-hörig waren und uns dadurch in manch schwierige Situation brachten. Daher favorisierte ich immer eine Kombination aus Landkarte, Straßenschildern und Technik. Aber die Abenteuer, die im Gedächtnis blieben, hatten doch meist etwas mit „Verfahren" zu tun.

17. Jugendliebe

Ich gebe es gerne zu, im Rahmen unserer Adriaumrundung hatte Kroatien für mich noch einen anderen Anziehungspunkt als die traumhafte Küstenstraße, die Magistrale, am tiefblauen Meer. Mit Kroatien, speziell den Plitwitzer Seen, verband ich automatisch den monumentalen Traum meiner Jugend: Winnetou!

Ich gehe mal davon aus, dass so manche von euch meine Gefühle zumindest im Ansatz nachvollziehen können. Denn der erste Mann, in den ich mich damals verliebt hatte, war der stolze Apachenhäuptling mit der wehenden, pechschwarzen Mähne. So sollte später auf jeden Fall auch mein Ehemann sein: drahtig bis sportlich, edel bis ritterlich, dunkel- bis schwarzäugig, klug bis weise! Ich las jedes Winnetoubuch von Karl May heimlich unter der Bettdecke mehrmals und besuchte später natürlich jeden dazu gedrehten Film. War es bei euch auch so?

Natürlich war die allererste Aktion, als ich mir ein Handy zulegte, dieses mit der erhabenen, herzerweichenden Winnetoumelodie als Klingelton auszustatten. Sie ist sooo schön, dass ich mir immer ernsthaft überlegen musste, überhaupt abzuheben. Später sah ich mir alle Filme mit Pierre Brice und Lex Barker nochmals im Fernsehen an – und träumte davon, eines Tages auf einem Pferd Winnetous Spuren zu folgen. Nun wusste ich ja, dass die Filme nicht an den „Originalschauplätzen" im Wilden Westen gedreht worden waren, sondern auf dem Balkan, teilweise eben an den Plitwitzer Seen. Dies tat allerdings dem romantischen Feeling keinen Abbruch, im Gegenteil, die Hügellandschaft mit den verstreuten, weißen Kalksteinen und die grandiosen Wasserfälle wirkten auf mich wie eine Droge.

Ich sag's mal so: Gott sei Dank. Denn meine Jugendzeit hatte ansonsten wilde Auswüchse der Hippie-Ära mit ganz anderen Drogen zu bieten, an denen ich allerdings (wegen der Moral des seriösen Indianers) keinen Anteil hatte.

So verkündete ich also vor unserer Reise meinem persönlichen Indianer den Vorsatz, nur ja die Plitwitzer Seen anzusteuern. Jetzt wollt ihr natürlich wissen, ob ich es geschafft habe, einen „Winnetou" zu ehelichen. Okay, Pierre Brice war schon vergeben, da musste ich mich anderweitig umschauen. Wie sollte er noch gleich sein? Drahtig bis sportlich? Daran wird gerade wieder gearbeitet. Edel bis ritterlich? Doch, bisweilen schon. Erinnert euch nur an meinen dänischen Prinzen. Dunkel- bis schwarzäugig? An dieser Stelle ging es mit mir immer durch und ich schmachtete vor mich hin: *„Wir betrachteten einander mit langen, forschenden Blicken. Dabei glaubte ich zu bemerken, dass in seinem ernsten, dunklen Auge, das einen samtartigen Glanz besaß, für einen kurzen Augenblick ein freundliches Licht aufglänzte, wie ein Gruß, den die Sonne durch eine Wolkenöffnung auf die Erde sendet."* (Karl May, Winnetou I) In diese Augen wollte ich später auch als Ehefrau schauen können, malte ich mir lebhaft in pubertärer Vorzeit aus. Nun, das Dunkle ist meiner besseren Hälfte gegeben, „dat Sünnchen" versteckt sich manchmal hinter einer geschlossenen Wolkendecke, im Alltagsgrau sozusagen. Auf Tour blitzt es aber öfter hervor.

Und klug bis weise? Na ja, da sollten wir vielleicht eine grundsätzliche, philosophische Betrachtung anstellen, ob das männliche Geschlecht diese Eigenschaft überhaupt sein Eigen nennen kann. Das würde den Rahmen dieses Buches freilich sprengen. (Jungs, vergebt mir; aber ihr habt ja jederzeit die Möglichkeit, als Schreiberlinge zu kontern! Ich wäre gespannt auf eure Sicht der Dinge.) Festgestellt sei nur, dass es sich bei der Vorlage von Karl May um einen Roman handelt, man kann schon sagen: um ein Märchen!

Bleibt noch die schwarze Mähne. Schwarz war einmal, aber auch Pierre Brice war inzwischen ergraut. Und die Länge? Tja, während Thomas Harley-Phase war wegen seines längeren Haupthaares die Chance auf eine gewisse Ähnlichkeit noch am wahrscheinlichsten gewesen. Aber irgendwie wirkte Winnetou auf seinem Rappen Iltschi haarmäßig doch anders als mein behelmter Ehemann auf seinem Eisenpferd. Wehen und Wiehern fehlten halt.

Die Plitwitzer Seen sollten mich also meinem Jugendtraum näher bringen. Es war auch nichts Geheimes daran, kannte Thomas doch nur zu gut meine alte Schwärmerei. So sah er diese Etappe eher von ihrer fahrerischen Seite, ein Abstecher von der Küstenstraße ins Landesinnere. Es zeigte sich, dass die Auffahrt ins Gebirge sowie später die Abfahrt Kurvenspaß und tolle Aussichtspunkte verhießen, die Fahrt über das Hochplateau teilweise aber recht eintönig war. Interessanter wurde es wieder in der Nähe der Wasserfälle, da diese in einer sehr bewaldeten Region liegen. Das Navi führte uns diesmal zielsicher an den Ort der Begierde.

Wir parkten. Falsch: Wir suchten lange nach einer freien Stelle, unsere beiden Motorräder auf einem der zahlreichen ausgewiesenen Parkplätze deponieren zu können! Voll wäre schon fast untertrieben! Dann zog der Menschenstrom durch den Zugangsweg in Richtung Bimmelbähnchen, mit dem man zu einem oberhalb gelegenen Plateau gefahren wurde. Von dort konnte man mehrere Stunden lang bergab an den unterschiedlichen Wasserfällen auf Winnetous Pfaden wandeln und sich von dem Flair gefangen nehmen lassen – wenn man denn allein gewesen wäre. So war man doch wieder nur ein Teil des Phänomens „Massentourismus". Es sei aber noch erwähnt, dass wir zwar nicht alleine waren, aber dennoch auf den kleinen Wegen Platz zum Laufen und Rasten fanden. Auch für die kleinen Bootsüberfahrten auf dem unteren See kamen wir noch so gerade mit dem ersten anlegenden Schiff mit. Und beim Picknickplatz musste ich nur fünf Minuten in der Schlange zur Toilette anstehen, es war ja schließlich erst Mai und damit Vorsaison. Andere Gäste erzählten, dass im Hochsommer der Andrang wesentlich größer sei. Mein Gott, wie soll man dann denn überhaupt noch Winnetou finden?

Einen Spaß erlaubte ich mir aber noch: Beim Picknick auf dem Rastplatz ließ ich meinen Klingelton erschallen. Dem Pärchen neben uns erklärte ich, dass mich gerade Winnetou anrufe, um sich mit mir zu verabreden. Den erstaunten Blick hättet ihr sehen sollen! Kurz darauf natürlich schallendes Gelächter.

Auf dem Heimweg war uns das Navi, das muss jetzt fairerweise gesagt werden, treu ergeben und führte uns nach dieser „Winnetour" zielsicher wieder in unsere Unterkunft. Von meiner Jugendliebe konnte ich nur träumen, mit meinem Realoindianer ritt ich am nächsten Tag jedoch wieder einträchtig dem Sonnenuntergang entgegen.

18. Begegnung mit einem Troll

Auf unseren Reisen lernten wir viele interessante Menschen kennen. Dies war mindestens ebenso spannend, wie die unterschiedlichen Landschaften zu bereisen. Und Eines muss gesagt werden: Bisher hatten wir es immer mit freundlichen, zugewandten und hilfsbereiten Personen zu tun gehabt. Viele von ihnen hatten selber schon allerhand erlebt und so kam es des Öfteren abends beim Wein, morgens an einer Tankstelle oder nachmittags bei der Besichtigung einer Sehenswürdigkeit zu netten Gesprächen und nützlichen Tipps für die weitere Reise. Oft ergab sich aus einer spontanen Bemerkung ein kleines Gespräch von der Art „Woher, wohin?" Und das tat gut! Die Hektik und den Zeitdruck des Alltags hatten wir auf Reisen hinter uns gelassen, genauso wie die anderen „Weltenbummler". Man zeigte gegenseitiges Interesse und eine natürliche Neugier auf die Erlebnisse und Erfahrungen der Zufallsbekanntschaften. Oftmals fand man nach kurzer Zeit gemeinsame Grundeinstellungen, denn die Menschen, die wir trafen, waren ebenfalls individuell unterwegs und neugierig auf andere „Welten". Wir begegneten so vielen „jungen Alten", die weit über die Pensionsgrenze hinaus ihre Reiseleidenschaft auslebten und dabei körperlich, aber vor allem geistig voll auf der Höhe waren. Die Herausforderungen, die solche Touren mit sich brachten, egal ob per Auto, Wohnmobil, Motorrad oder Fahrrad, schienen also ein wahrer Jungbrunnen zu sein! Wir nahmen uns dann jedes Mal vor, auch aus diesem Brünnlein zu trinken, so lange es ging.

Eine Begegnung blieb uns besonders in Erinnerung: die Begegnung mit einem Troll. Nicht zu verwechseln mit einem „Trollo", einem schusseligen Menschen, oder einer

„bodengleichen Wellnessdusche"; nein, auch nicht mit einer neuartigen Programmiersprache. Ich meine ein Wesen aus der norwegischen Mythologie, das weltbekannt wurde. Bei einer Reise durch das skandinavische Traumland der Motorradfahrer begegneten uns diese Fabelwesen auf Schritt und Tritt und zwar in etlichen Varianten: mal groß mal klein; mal einzeln, mal in Horden; mal männlich, mal weiblich; mal bärtig zugewachsen, mal weniger behaart, aber immer mit einer Knollennase und freundlich lächelnd. In allen Souvenirshops waren sie erhältlich und man konnte sich Nase an Nase mit ihnen ablichten lassen.

So auch auf dem Holmenkollen, dem Wintersportzentrum oberhalb von Oslo, das wir am ersten Tag unserer Norwegen-Rundreise besichtigten. Wir waren mit der Nachtfähre von Kiel in die imposante Hafeneinfahrt der norwegischen Hauptstadt eingelaufen und von dort aus gleich bergauf gedüst, um einen Rundblick auf die Stadt zu erhalten. Nach dem Besuch des interessanten Skimuseums war natürlich der Aufstieg auf die Sprungschanze obligatorisch und äußerst eindrucksvoll. Niemand von uns wollte hier von oben mit einem Skispringer tauschen, war die Perspektive doch einfach nur Angst einflößend. Dafür gab es aber ein Nasenbild mit unserem ersten norwegischen Troll. Bald darauf standen wir seinem Doppelgänger gegenüber.

Dieser war aus Fleisch und Blut und der Vermieter unseres Zimmers in Oslo. Uns war ja klar, dass die Preise in Norwegen für uns Deutsche sehr hoch angesiedelt waren, folglich auch die Preise für Unterkünfte. Daher hatten wir im Vorfeld für den Besuch der Hauptstadt im Internet Ausschau nach einem bezahlbaren Zimmer gehalten. Es gab einige Angebote an privaten Zimmern mit Familienanschluss. Diese Art der Übernachtung hatten wir bisher nicht praktiziert, war sie doch in unseren Augen mit einem gewissen Risiko verbunden. Verstand man sich mit der Familie? Hatte man genügend Freiraum für sich? Oder musste man sich selber zu sehr anpassen? In Anbetracht des Preisniveaus schoben wir aber alle Bedenken beiseite und buchten im Netz für zwei Nächte ein privates Zimmer bei einem norwegischen Ehepaar. Der Internetauftritt war ansprechend und die Mail-Konversation auf Englisch freundlich und zielführend. Wir waren gespannt.

Nach unserer „Bergtour" auf den Holmenkollen fand unser Navi auf Anhieb die richtige Adresse. Das historische Haus lag am Berg mit einer fantastischen Aussicht auf den Oslofjord. Die Zufahrt zum Gebäude führte jedoch über eine Schotter-Grasschicht steil bergauf ohne genauen Blick auf die „Landung". Mal wieder freute ich mich über meine drei Räder und bewunderte Thomas, wie er die schwere BMW handelte. Wir landeten schließlich hinter dem zweistöckigen roten Holzhaus, das mit seinen weißen Fensterrahmen urig und gemütlich aussah.

Umgeben war das „Hexenhäuschen" von einem halb verwilderten Garten mit allerhand Obstbäumen, wilder Wiese, Naturhecken und Sträuchern. Auch Unkraut hatte hier seine Daseinsberechtigung. Die Vögel freuten sich über diese Umgebung und zwitscherten ihr Abendlied. In einer Gartenecke hinter dem Gebäude hatte sich ein besonders alter Apfelbaum breit gemacht und schien uns mit seinen ausladenden, knorrigen Ästen förmlich zum Bleiben einzuladen. Dieser Baum hatte schon seit Jahrzehnten keine Astschere mehr gesehen, trug aber dennoch den ein oder anderen Apfel der Sparte „absolut Bio". Unter diesem Gewächs parkten wir unsere Maschinen, da nur hier der festgestampfte Boden einigermaßen eben war. Thomas schaute skeptisch, befürchtete er doch, dass Vögel „etwas" auf seine blankpolierte Maschine fallen ließen; ich hingegen fand den Standort einfach wildromantisch. Aber irgendwie spürte ich hier ein leichtes Magenkribbeln, was ich jedoch darauf zurückführte, dass wir gleich unsere Wirtsleute und die Herberge kennenlernten und damit unsere Frage beantwortet würde: „Wird die private Unterkunft funktionieren?"

Wir stiegen die kleine abgewetzte Holztreppe hinauf und klopften; eine Klingel gab es nicht. Ist in Norwegen sowieso nicht üblich, weil meist die Türen nicht verschlossen sind. Hier hat man noch Vertrauen in seine Mitmenschen, eine für uns Deutsche ungewöhnliche, aber sehr sympathische Mentalität. Die Tür öffnete sich und heraus kam das Ebenbild eines Trolls! Von kleiner und gedrungener Statur, mit alten, kunterbunten Sachen bekleidet, auf dem Kopf schütteres, dafür aber recht langes, straßenköterblondes Haupthaar, am Kinn ein dünnes, hellbraunes Ziegenbärtchen und mitten im Gesicht: eine dicke Knollennase! Über dieser strahlten uns zwei kleine, lustige Augen an mit seitlichen Lachfältchen, die von einer humorvollen Lebenseinstellung zeugten. Auch der schmale Mund liebte offenbar das Lachen, denn beim Sprechen hüpften zwei kecke Grübchen auf und ab. So sah er aus, unser Herbergsvater Ronald.

Er begrüßte uns herzlich und bewunderte sogleich unsere Maschinen. Wir fragten noch, ob unser Parkplatz okay sei, was er nur lachend mit einem „Oh yes, it´s optimal!" kommentierte. Dann huschte er über das Treppenhaus und zeigte uns unsere Kammer, das historische Gemeinschaftsbad und den individuellen Frühstücksraum. Wir hatten ja schon keinen Luxus erwartet, dieser Standard war allerdings äußert einfach. Ronald verstand es aber blendend, auch aus den größten Mängeln eine eindrucksvolle Story zu machen, so dass wir fast das Gefühl hatten als wären wir im Ritz. Auf jeden Fall aber war der Blick aus unserem Zimmerfenster auf den glitzernden Oslofjord nicht zu toppen und in den Betten ließ es sich sogar erholsam schlafen. So ist es halt bei Trolls!

Am nächsten Morgen lockte das Frühstück mit dem berühmten braunen Käse und starkem Kaffee. Die anderen Gäste – es waren insgesamt sieben in zwei anderen Zimmern! – waren bereits unterwegs. Es handele sich um eine vierköpfige italienische Familie und um drei chinesische Studentinnen, erklärte Roland beim Nachschenken. Eigentlich sei die ganze Welt bei ihm zu Gast. Wir waren beeindruckt. Damit bekam das Haus noch eine ganz andere Bedeutung!

An einer Wand des kombinierten Wohn- und Speisezimmers hing über einem gewaltigen Sideboard in einem rustikalen Bilderrahmen das Bild eines – wie könnte es anders sein – Trolls. Während des ganzen Frühstücks musste ich immer wieder auf dieses alte Ölgemälde blicken und wunderte mich, wie ähnlich es doch unserem Vermieter war. Gut, der Troll auf dem Kunstwerk sah größer und beleibter aus, aber die Gesichtszüge und die mächtige Knollnase erinnerten doch stark an Ronald.

Dieser schien meine Blicke und mein Erstaunen zu bemerken und sagte schließlich: „Ja, die Ähnlichkeit ist nicht zu übersehen, nicht wahr? Dieser Troll ist nämlich mein Ururgroßvater!"

Ich verschluckte mich beinahe an meinem Kaffee und sah unseren Gastgeber verblüfft an. Wie konnte das denn sein? Ein Troll ist doch nun mal lediglich ein Fabelwesen und damit nicht wirklich existent! Auch Thomas schien seine Zweifel zu haben und grinste verlegen vor sich hin.

„Ihr glaubt mir nicht? Na, dann wartet mal ab, ich kann es euch beweisen", konterte Ronald und legte los: "Vor vielen, vielen Jahren lebte hier in dieser Gegend ein lebenslustiger Troll namens Reginald. Er war immer fröhlich, lachte bei jeder Gelegenheit aus vollem Hals und trank auch mal gerne von seinem selbstgebrannten Schnaps. Alle anderen Trolle mochten ihn, weil er nicht nur lustig sondern auch außerordentlich hilfsbereit war. Daher kamen immer mal wieder Troll-Besucher vorbei, die seinen Rat und seine Tatkraft brauchten. Reginald half gerne und erzählte dabei stets die neuesten Witze. Darauf mussten seine Gäste ebenfalls so herzlich lachen und vor Vergnügen mit den Füßen stampfen, dass mitunter die Erde ein wenig bebte. Das merkte auch Lisa, ein junges Menschenmädchen. Sie wunderte sich, dass es manchmal unter ihren zarten Füßchen ein wenig zitterte und sie außerdem helles und dunkles Gelächter vernahm. Das machte sie neugierig. Ohne Angst ging sie eines Tages den seltsamen Geräuschen nach und fand tatsächlich im bergigen, stark bewaldeten Hinterland Reginalds alte Hütte. Sie beobachtete, wie dieser gerade einem anderen Troll das hölzerne Rad eines Fuhrwerks reparierte. Als der Fuhrmann dankend weiter zog, wollte Lisa sich heimlich auf den Rückweg machen, doch sie wurde von Reginald bemerkt. Noch nie in seinem Leben hatte der hilfsbereite Troll ein so hübsches Mädchen gesehen. Augenblicklich verliebte er sich in die zarte Jungfrau. Auch Lisa fand Gefallen an dem lustigen Waldbewohner. Man traf sich in der Folgezeit oftmals heimlich, bis .., ja bis Lisa ihre Unschuld verlor. Ihr könnt euch vorstellen, was das für ein Skandal war! Menschen und Trolle, so war das

Gesetz, durften niemals eine Verbindung eingehen! So schwer es beiden auch fiel, sie mussten sich trennen. Zum Abschied gab Reginald seiner Lisa ein Bild mit. Dieses hier", und Ronald zeigte auf das Ölgemälde an der Wohnzimmerwand.

„Ein paar Monate später gebar Lisa eine hübsche Tochter, meine Urgroßmutter. Der Trollvater aber war so neugierig auf seine Nachfahrin, dass er es wagte, zur Menschensiedlung zu kommen. Er schlich sich in den Garten, um einen Blick auf seine Tochter zu erhaschen – und da – erstarrte er augenblicklich zu einem Baum. Genau zu diesem knorrigen Obstbaum in der Gartenecke dort. Das war nämlich die Strafe, wenn Trolle den Menschen zu nahe kommen. Seit dieser Zeit passt Reginald auf seine Nachfahren auf und zeigt seine Zustimmung durch sanftes Schwingen seiner Äste. Und der Beweis? Nun, ich liebe auch das Lachen, helfe gerne anderen weiter und – aber verratet mich bloß nicht – ich trinke auch gerne mal einen Selbstgebrannten!", dabei lachte Ronald aus vollem Hals und stampfte mit dem Fuß auf, dass die Erde ein bisschen bebte.

Nach dieser Geschichte war uns klar: Unsere Unterkunft in Oslo war vielleicht nicht die luxuriöseste, aber wir hatten einen Gastgeber, der einzigartig war!

19. Fotosession

Eltern sind stolz auf ihre Kinder: Wie sie sich entwickeln, welche Talente sie haben, wie sie sich in der Schule und im Beruf entfalten. Ehefrauen sind (häufig? manchmal?) stolz auf ihre Ehemänner: Wenn sie so aussehen wie George Clooney, wenn sie so intelligent sind wie Albert Einstein, wenn sie so mächtig sind wie der amerikanische Präsident. Das gibt es nicht, meint ihr? Okay, mag ja sein. Aber ein bisschen stolz sind sie schon, wenn beruflich eine Prämie ins Haus steht, wenn er mit viel Disziplin zwei Kilo abgenommen hat oder wenn sein Witz auf einer Party laute Lacher hervorruft. Das ist doch auch schon was!

Aber nichts dagegen ist der Stolz, den ein Motorradfahrer empfindet, wenn seine Maschine gebührend bewundert wird. „Sein Baby", „seine bessere Hälfte", „seine Identität" zieht dann die Blicke auf sich und vor Stolz schwillt des männlichen Bikers Brust. Schmunzeln musste ich aber immer, wenn mein Gefährt mit seinen drei Rädern seinen stattlich schönen „großen" Maschinen den Rang ablief.

So auch „am Ende der Welt" auf dem Sognefjell in Norwegen. Dieses zirka 1500 Meter hohe Gebirgsplateau oberhalb des traumhaft schönen Sognefjords gleicht eher einer Mondlandschaft als einer bewohnbaren Gegend. Sind im Tal sommerliche Temperaturen, so liegt hier stellenweise noch Schnee und ein eisiger Wind weht über die Hochfläche. Kaum ein Tourist begegnet einem, schon gar kein Motorradfahrer. So steuerten wir nach einer langen Aufwärtsetappe, während der wir uns aber erst einmal in wärmere Unterkleidung gezwängt hatten, den höchsten Aussichtspunkt an. Belohnt wurden wir mit einem fantastischen Blick in jede Himmelsrichtung. Die ein oder andere

Schönwetterwolke schien in dieser Höhe zum Greifen nah. Man glaubte sich allein mit Gott und der Welt. – Allein? Mitnichten!

Gerade hatten wir zu Fuß einen Aussichtshügel erklommen, als ein weinroter Kleinbus den Parkplatz ansteuerte. Diesem entströmten unsere asiatischen Freunde, deren Kollegen wir bereits in München, Salzburg, Florenz, Oslo und an etlichen weiteren touristischen Hochburgen begegnet sind. Bereits in Kaupanger, am Fährhafen zum Auerlandsfjord wurden unsere Fahrzeuge von den Mitgliedern einer malaysischen Reisegruppe bewundert. Die Reiseführerin sprach Englisch und so kamen wir ins Gespräch. Die Herzlichkeit der Teilnehmer war verblüffend; gleich lud uns die muntere Truppe nach Malaysia ein. Wir müssten unbedingt ihr schönes Land kennenlernen. Bevor die Fähre anlegte und man sich aus den Augen verlor, mussten unsere Maschinen aber noch für etliche Fotos per Spiegelreflexkamera, Handy oder Tablet herhalten, mal mit uns, mal ohne.

Und auf dem Sognefjell war es ähnlich. Acht muntere Mädels und ein junger Mann platzierten sich nicht etwa an den Aussichtspunkt, um die grandiose Landschaft auf sich wirken zu lassen - nein, sie steuerten zunächst einmal schnurstracks auf die Maschine zu. Auf *meine* Maschine! Offenbar hatten sie ein solches Gefährt noch nie gesehen. (Ist ja auch kein Wunder, ging mir zwei Jahre zuvor ja genauso.) Mit heller Stimme bekundeten sie ihre Freude und Bewunderung und zwar alle gleichzeitig. Das wiederum ist keine spezielle asiatische Eigenschaft. Denke ich doch daran, wie viel gleichzeitiger Redeanteil vorhanden ist, wenn ich mit meinem Möhnenclübchen Kaffeeklatsch abhalte. Alle Mädels drängten sich gleichzeitig um mein Dreirad, während der junge Mann in diesem Moment vollkommen abgeschrieben war. Nun wurde es aber höchste Zeit für uns, von unserem Aussichtspunkt zum Parkplatz zurückzukehren.

Wie sich herausstellte, handelte es sich bei der Gruppe um junge Models aus Japan, die mit einem Fotografen in Europa unterwegs waren, auf der Suche nach außergewöhnlichen Motiven. Tja, und da war dann also das sensationelle Motiv in Form meines Trikes. Und das Ganze noch in einer exponierten Traumlage in Norwegen. Besser konnte es nicht laufen für die asiatischen Heidi Klums, eine attraktiver als die andere. Und entsprechend gekleidet: Dünnes Kleidchen, flatterndes Oberteil, Highheels. Brrr!

Thomas´ stolze BMW war zunächst einmal abgemeldet. Ich allerdings auch! Die Mädels stürzten auf meinen Mitbiker und wollten unbedingt mit ihm zusammen auf *meinem* Motorrad fotografiert werden. Und zwar einzeln. Jede einzeln! Der Fotograf ging in Position und Thomas setzte sich mit geschwellter Brust auf das Trike. Jede einzelne Schönheit setzte sich dann der Reihe nach auf seinen strammen Oberschenkel. Am Ende bestand er doch glatt noch darauf, dass sich alle acht Models um ihn herumstellten und – setzten. Boah, wie fand ich *das* denn? Ich war hin- und hergerissen. Einerseits wollte die Gruppe ja genau dieses, mir gehörende Fahrzeug! Das tat guuut! Aber leider brauchten sie *mich* nicht dafür, sondern meine bessere Hälfte. Das enttäuschte mich natürlich sehr! Auf der anderen Seite stellte ich mir vor, wie es ausgesehen hätte, wenn die Mädels auf meinem Schoß gesessen hätten! Nein, dann doch lieber auf Thomas´ Oberschenkel und mein Stolz bezog sich außer auf mein Trike auch noch auf mein Ehegespinst.

Erwähnt sei noch, dass wir stets vorher gefragt wurden, bevor sich jemand mit uns ablichten ließ. Von meinem Dreirad wurden zwar auch manche Bilder aus fahrenden Autos geschossen; im Stand aber kam bisher niemand auf die Idee, ungefragt auf dem Sitz Platz zu nehmen für ein Foto. Wenn wir gefragt wurden, willigten wir meist ein und es entwickelten sich oftmals nette Unterhaltungen. Und natürlich eine Zunahme des Bikerstolzes!

Geht´s noch?

20. Der Führerschein

Dann kam eine neue EU-Richtlinie. Altführerscheininhaber durften mit nur einer praktischen Prüfung ihren ehemaligen Dreier-Führerschein um die Kategorie Motorrad bis 48 PS aufrüsten. Ich nahm die Neuigkeit nur am Rande wahr und wollte sie eigentlich recht schnell wieder vergessen unter dem Motto: „Das ist ja wieder typisch so ein unausgegorenes Gesetz aus Brüssel." (Nach wie vor halte ich von dieser Neuerung grundsätzlich nichts, weil sie mir unverantwortlich erscheint.)

Aber meine bessere Hälfte war Feuer und Flamme: „Schau mal, dann kannst du schnell den Motorradführerschein machen und wir können endlich besser beim Fahren auf einen Nenner kommen. Jetzt muss ich ja immer auf dein Dreirad Rücksicht nehmen."

„Wie meint er das denn?", ging es mir durch den Kopf.

War ich denn auf drei Rädern so wenig konform mit einem Zweiradbiker? Ich fühlte mich doch auf meinem Gefährt recht flott unterwegs, wenngleich langgezogene Kurven für meinen Schulterbereich eine gewisse Anstrengung bedeuteten und ich zugegebenermaßen das Tempo hier nicht mithalten konnte. Aber ich kannte ja nichts anderes und war zufrieden. Und wie meinte er die Bemerkung „schnell"? Sollte ich etwa mal eben mit einem Zweirad beim TÜV vorfahren und dort aus dem Stand die Fahrprüfung machen? Unmöglich!

Wir diskutierten lange hin und her, ob es sich überhaupt lohne, diesen Aufwand zu betreiben. Ich hatte für mich selber schon vor Jahren beschlossen, mich in meinem Leben keiner Prüfung mehr zu unterziehen. Nein, diesen Stress wollte ich mir auf keinen Fall antun. Thomas argumentierte, dass ich dann im Ausland gegebenenfalls leichter eine Maschine leihen könne. Dreiräder gäbe es schließlich nicht überall und wenn doch, seien sie im Ausleihbetrieb extrem teuer. In Hinblick auf die USA habe er sich schon einmal informiert. Andererseits war die Neuregelung auch noch mal eine Herausforderung für mich. Man konnte ja eigentlich nichts verlieren sondern nur gewinnen. Ich konnte mir allerdings überhaupt nicht vorstellen, dass das Fahren auf zwei Rädern anders oder womöglich leichter vonstatten gehen sollte als auf meinem geliebten Dreirad. Doch da sollte ich eines Besseren belehrt werden.

Wir holten Beratung ein, indem wir unseren Freund Martin, seines Zeichens Fahrlehrer, kontaktierten. Hier muss ich gestehen, dass sich Martin exzellent unter Kontrolle hatte. Er zuckte noch nicht einmal mit der Wimper wegen meines Alters im Gegensatz zu einem Kollegen, der zu einer 36-jährigen Bekannten meinte: „Wieso wollt ihr alten Weiber auf einmal alle den Motorradführerschein machen?"

Im Gegenteil: Martin zeigte sich uns gegenüber hocherfreut, dass ich womöglich diesen Schritt der Mobilitätserweiterung in Erwägung zog.

„Du machst bei mir ein paar kleine Fahrstündchen, wir trainieren die Grundübungen und alles andere kannst du ja sowieso", machte mir der stets gut gelaunte, optimistische und erfahrene Fahrpadagoge Hoffnung.

Das klang ja recht einfach – bis ich mit schlotternden Knien und Herzklopfen in seinen Garagenhof einlief, um meine erste Fahrstunde nach Jahrzehnten zu absolvieren.

„Wir fangen heute erst mal mit einer 125er an, damit du dich an die Balance gewöhnst. Keine Sorge, ist alles ganz einfach. Die Bedienung von Gas, Bremse, Kupplung und Schaltung kannst du ja schon", gab mir Sonnenschein Martin mit auf den Weg, besser mit auf das wacklige Gefährt.

Ich wurde mit der Helmkommunikation verkabelt, die allerdings bei ihm einwegig war, woran ich mich erst einmal mächtig gewöhnen musste. Konnte ich mit Thomas ein richtiges Gespräch führen, so musste ich bei Fahrlehrer Martin alles so hinnehmen, wie er es mir ins Ohr flüsterte.

Mädels, ich kann euch sagen, das ist eine so hilflose Situation für eine Frau, kaum auszuhalten! Alles so unwidersprochen und ohne Kommentar hinzunehmen, wie ein Mann es dir eintrichtert. Grausam! Anfangs stellte ich aus Gewohnheit dann immer noch Rückfragen, bis ich merkte, dass dies völlig zwecklos war.

Zu Martins Ehre sei allerdings gesagt, dass er sehr wohlwollend, humorvoll und pädagogisch geschickt immer die sanftesten Worte fand, um mich nach vorne zu bringen. Danke Martin für deine Geduld und dein Einfühlungsvermögen. Du bist einer der wenigen Frauenversteher, die ich kenne!

„Du musst nur dran denken, vor dem Stehenbleiben beide Beine auf den Boden zu nehmen. Du hast jetzt kein Dreirad mehr!", ermahnte er mich noch vor dem Losfahren.

Im Hof übte ich auf ein paar Metern anfahren und stehenbleiben (mit *beiden* Beinen am Boden versteht sich), dann ging es schon auf eine ruhige Straße in Richtung Großparkplatz. Geradeaus schien die ganze Fuhre außer ein wenig Gewackel mir ganz gut zu gehorchen, erinnerte sie mich doch an mein Fahrrad und entfernt auch an meine Mofazeit.

Dann kam der Parkplatz. Hier war natürlich das Kurven- und Kreisfahren geplant. Und da zeigte sich, dass Zwei- und Dreiradfahren zwei völlig verschiedene Paar Schuhe waren. Ich kam einfach nicht um die Kurve, so wie ich wollte! Ich wollte nach links um das Hütchen, die 125er wollte geradeaus! Ich kämpfte mit dem Lenker, das Zweirad reagierte nicht! Ich wollte einen kleinen Kreis fahren, mein Gefährt entschied sich für ein riesengroßes Ei! Gott sei Dank klappte zumindest das Bremsen, so dass ich vor vereinzelt geparkten Autos, die gefühlt natürlich immer blöd im Weg rum standen, früh genug zum sicheren Stand kam.

Ich war der Meinung: „Das ist alles nichts für mich, ich lerne das nie!" und wollte schon kapitulieren.

Dann erklärte mir Martin den Grund für mein Problem: „Dein Dreiradfahren macht dir nun das Leben schwer. Auf drei Rädern hast du die Fuhre mit den Armen und den Schultern gelenkt und nicht mit dem Gewicht. Mit dem Zweirad ist es völlig anders: Du lenkst vorwiegend mit dem Körper, also mit der Gewichtsverlagerung, und kaum mit den Händen."

„Aha", dachte ich mir, „es liegt nur an der Technik. Das muss doch zu schaffen sein!"

Aber bei weiteren Versuchen kam immer wieder das Dreirad-Lenkmuster durch und die angedachte Kurve fiel anders aus als gewollt. Doch auch Martin, ganz Profi, gab nicht auf. Jetzt zog er alle Register: Er entledigte sich seiner Jacke, krempelte sein Hemd über die durchtrainierten Unterarme hoch, meine Laune stieg zusehends ob der männlichen Muskelmasse, und „Alternative 1" wurde angewandt.

Ich fuhr, Martin lief neben her, schob meine Schultern in die gewünschte Richtung zwecks Gewichtsverlagerung und rief mir motivierende Bemerkungen wie „Geht doch, gut gemacht!" zu. Nach fünfzehn Minuten „Alternative 1" klappte das Kurvenfahren etwas besser, doch Martin war kurz vor dem Zusammenbruch. Schweiß lief dem Armen über das Gesicht, sein Atem ging nur noch keuchend. Ich hatte ein richtig schlechtes Gewissen. Von Perfektion war ich jedoch noch meilenweit entfernt.

Doch ihr kennt Martin nicht! Er wandte nun „Alternative 2" an, die für ihn Kräfte schonendere Variante: Er nahm als Sozius auf dem Beifahrersitz Platz. In dem Moment dachte ich allerdings, dass jegliche Luft aus den Reifen entwich und fragte mich, wie ich kleine Person nun eine solch schwere Gesamtlast in Bewegung setzen sollte. Martin besaß nämlich überall eine stattliche Muskelmasse und seine Länge war beachtlich. Gleichzeitig malte ich mir dann das Bild aus, das wir beide auf einer 125er nun abgaben. Ich tröstete mich allerdings mit dem Gedanken, dass mich wegen des Helms ja keiner erkennen könne. Und Martin war schließlich wegen seiner unkonventionellen Methoden im Ort bekannt und beliebt. Nicht zuletzt deswegen war seine Erfolgsquote bei den Prüfungen traumhaft.

Mit seiner Hilfe bekam ich nun mehr Gefühl für die Gewichtsverlagerung und die Schräglage. Ich kann euch sagen, das war mächtig ungewohnt. Wenngleich es mich letztlich doch an meine Zeit auf dem Pferderücken erinnerte. Aber das Dreirad hatte mich zeitweise eben falsch programmiert. Dennoch wollte ich meine Zeit auf drei Rädern keinesfalls missen. Ohne diese Erfahrung hätte ich Motorradfahren für mich wahrscheinlich komplett ausgeschlossen.

Immerhin hatte ich in der Tat keinerlei Probleme mit Kupplung, Schaltung, Bremsen und Gas. Das saß von Anfang an.

Dann hieß es nach der nächsten Stunde: „Motorrad anprobieren". Schließlich wollte ich ja den Motorradführerschein machen; eine 125er durfte ich ja ohnehin mit meinem Führerschein fahren. Ich folgte Martin in die Garage und dort standen seine Fahrschulmaschinen. Er deutete auf eine rote Suzuki und bat mich aufzusteigen. Ich krabbelte hoch – und hing dann prompt mit beiden Beinen in der Luft. Ging gar nicht. Danach zeigte er mir seine kleinste „Große", eine blaue Yamaha. Aber auch hier trat zumindest ein Fuß immer ins Leere.

„Warte mal", beruhigte er mich und trat hinter das Gefährt.

Dann lehnte er sich mit seinem gesamten Gewicht auf den Soziussitz – und siehe da: Beide Fußspitzen berührten den Boden. Als er jedoch losließ, gab es den Wippeeffekt und ich hing wieder hoffnungslos in der Luft.

„Hm", überlegte er laut, „geht so nicht. Aber das ist kein Problem." Ich liebe diese beruhigende Art, eventuelle Sorgen durch diesen Ausspruch im Vorfeld einfach wegzuwischen. „Ein Kollege von mir hat eine kleinere Maschine. Die wird dir passen. Die leihe ich aus."

Gesagt, getan. Für die nächste Fahrstunde bekam ich eine kleine schwarze Kawasaki 250 E und fühlte mich sofort wohl. Ich hatte einen sicheren Stand. Die Maschine war zwar mächtiger als die 125er, aber für mich mit ihren rund 160 Kilogramm immer noch handhabbar. Ab sofort wurden Kurven, Kreise, Autobahn, Stadtverkehr und die Grundübungen mit dieser Kawa absolviert. Da hieß es natürlich, prüfungsgerecht fahren wie damals mit 18. Also immer schön blinken, den Kopf drehen und Abstand halten. Das hatte ich dann ziemlich schnell wieder drin und irgendwie habe ich es bis heute einigermaßen beibehalten, was ja nicht verkehrt sein kann.

Als Martin mit meiner Leistung dann irgendwann zufrieden war, meldete er mich zur Prüfung an. Schluck! Die Aufregung meinerseits nahm in dem Verhältnis zu, wie die Anzahl der Tage vor der Prüfung abnahm.

„Muss ich mir das wirklich antun?", ging es mir täglich durch den Kopf.

Sofort sah ich junge Leute, die schulische und berufliche Prüfungen bestehen mussten, wieder mit ganz anderen Augen.

„Komm, du hast in deinem Leben schon ganz andere Prüfungen gemeistert", machte ich mir selber Mut.

Dann war er da, der Tag der Tage. - Ich bekam kein Frühstück mehr hinunter und tröstete mich mit starkem Kaffee. Immerhin konnte ich „meine" Maschine selber bis zum Prüfungsort fahren und war sozusagen mit ihr zusammen aufgewärmt.

Nach einer kurzen Wartezeit, die mir aber ewig erschien, kam der Prüfer auf mich zu und stellte sich vor.

„Netter, junger Kerl", dachte ich bei mir. „Irgendwie ein Schwiegersohntyp. Was mag er nur von meinem Alter halten?"

Aber auch er ließ sich diesbezüglich keine Reaktion anmerken. Wie mit Martin eingeübt, begutachtete ich dann erst einmal ausführlich und überdeutlich meine Maschine unter dem Motto „Kontrollrunde".

„Dann läuft wenigstens schon die Zeit und ich brauche nicht so lange zu fahren", ging es mir durch den Kopf.

Doch irgendwann führte kein Weg vorbei: Ich musste aufsitzen und loslegen. Mit ziemlich viel Bauchgrummeln zirkelte ich etwas wacklig durch die Ausfahrt des TÜV-Geländes auf die Straße. Die Fahrt durch den Ort klappte ganz gut, ich wurde lockerer und auch die Grundübungen fluppten. Martin gab mir durch einen erhobenen Daumen eine Erfolgsmeldung.

„Nun noch ein wenig über Land und danach wieder zum TÜV", so stellte ich mir den weiteren Verlauf vor.

Doch wir fuhren und fuhren und fuhren, immer weiter stadtauswärts.

„Mein Gott, was will er denn noch alles sehen?", fragte ich mich nun. „Wann kehren wir denn endlich um? Was habe ich denn alles falsch gemacht, dass wir immer noch nicht fertig sind?"

Eine Stunde war bereits vergangen, als Martin mir endlich ins Ohr flüsterte: „Nächste Ausfahrt rechts und auf der anderen Seite wieder zurück auf die Schnellstraße Richtung City!"

Nach einer weiteren Viertelstunde fuhren wir endlich wieder auf das TÜV-Gelände. Ich stellte vorschriftsmäßig aus und ab und sackte innerlich zusammen, da ich davon ausging, nicht bestanden zu haben. Schließlich war eine normale Prüfung deutlich kürzer.

Der Prüfer zückte seinen Stift und meinte nur: „Sie haben ….. bestanden. Aber Sie sollten noch ein wenig sicherer im Handling werden. Besuchen Sie im nächsten Frühjahr mal ein Fahrsicherheitstraining!"

Ich war platt! Ich hatte bestanden! Okay, zweimal war die Kurve etwas unregelmäßig, aber das Fahrsicherheitstraining stand schon ganz oben auf meinem Plan. Ich strahlte meinen Fahrlehrer, den besten, den ich mir denken kann, an.

Er gratulierte schmunzelnd und meinte nur: „Der Prüfer und ich hatten uns total verplauscht und gar nicht mehr auf die Zeit geachtet bei der Überlandfahrt."

„Aha, und mich habt ihr schmoren lassen! Gar nicht nett!", dachte ich bei mir, erwiderte aber mit einem Grinsen im Gesicht: „Ach, kein Problem. Hat Spaß gemacht!"

Zu Hause empfing mich Thomas mit einem Glas Sekt und einem Strauß Rosen. Offenbar war er total sicher, dass ich es schaffte. Nett von ihm.

Mit dem Führerschein eröffnete sich nun eine neue Ära des Motorradfahrens. Und ganz nebenbei war es eine tolle Zeit, sich unter behutsamer Anleitung mal wieder mit einer neuen Materie auseinander zu setzen und etwas zu lernen.

Also Mädels, verliert nie den Mut für etwas Neues! Begebt euch in die Obhut eines geduldigen Trainers und lasst euch auf unbekannte Pfade führen. Das Gefühl, es dann geschafft zu haben, ist unbeschreiblich!

21. Weiße Lady Nummer 2

Ich hatte es also geschafft! Den Motorradführerschein, wenngleich begrenzt auf 48 PS, hatte ich in der Tasche. Aber was nun? Was sollte ich fahren? Wozu die ganze Mühe? Für das Dreirad reichte ja der alte Dreier. Das Ziel, allerdings zunächst mehr von Thomas als von mir, war mein Umstieg von drei auf zwei Räder. Im Rückblick muss ich allerdings eingestehen: Das war eine lohnende Entscheidung!

Nun ist der Mensch ja bekanntlich ein Gewohnheitstier. Mädels, wem sage ich es: Insbesondere das männliche Geschlecht hält liebend gerne an seinen eingefahrenen Verhaltensmustern fest! Zu erklären ist dies freilich mit der Evolution, also quasi wissenschaftlich erwiesen: Zum Jagen ging er entweder morgens früh hinaus und musste somit nicht die mühevolle Küchenarbeit und Nachwuchsbändigung seiner Holden ertragen und wurde womöglich zu derselben mit eingespannt! Oder aber, was ihm ja noch eher lag: Er verließ das warme Nest in der Abenddämmerung, natürlich um das zu diesem Zeitpunkt besonders fleißig äsende Wild zu erlegen. Also quasi wie heutzutage: Nur jagt er nicht mehr auf einer Waldlichtung sondern beim Feierabendbier in einer gemütlichen Kneipe. Diese Art der Jagd kann natürlich dauern, da auch heute noch das weibliche Wild zunächst eher scheu auftritt.

Nur bei der Ausrede heutzutage muss er eine zeitgemäße Variante wählen. Grunzte er in der Steinzeit einfach: „Wild weg!", so muss es heute schon etwas Kreativeres sein wie: „Du Schatz, ich habe den Bus verpasst. Dann fing es an zu regnen und ich musste mich unterstellen. Dabei habe ich zufällig meinen alten Schulfreund Oskar nach zehn Jahren wiedergesehen und auf einen Kaffee eingeladen. Da haben wir uns ein wenig verplauscht. Na ja, nach zehn Jahren verständlich, oder?"

Ihr meint jetzt sicher: „Na, so viel Kreativität ist aber für einen Mann außergewöhnlich!"

Sagen wir es so: Auch hier hat die Evolution zugeschlagen. Während der Jahrmillionen erwarb der Mann durch Versuch und Irrtum ein kleines Repertoire an erfolgreichen Ausreden für die Herrin des heimischen Lagerfeuers. Im Laufe der Jahrhunderte wurde das Spektrum dann nach und nach erweitert.

Natürlich kennt ihr auch die anderen beliebten Gewohnheiten eurer besseren Hälfte, die euch ständig auf die Palme bringen. So stellt er benutztes Geschirr grundsätzlich *auf* der Spülmaschine ab statt einzuräumen, weicht sein Weißbierglas erst einmal in der Spüle ein (ungefähr zwei Tage!) statt es gleich richtig zu spülen oder lässt die Zeitung so lange auf dem Küchentisch liegen, bis sie von alleine davonfliegt. Das ist nur eine kleine Auswahl von lästigen Gewohnheiten, die so sehr im Manne verankert sind, dass auch tausende, nervige Hinweise der gestressten Hausfrau diese nicht abzustellen vermögen.

Nun gebe ich allerdings Zähne knirschend zu, dass auch ich als Frau nicht frei von Gewohnheiten bin. Dennoch behaupte ich, dass wir Frauen uns in der Lebenspraxis viel variabler, ideenreicher und mit außerordentlichem Improvisationstalent an neue Situationen anpassen können. Wir wagen doch öfter etwas Neues: Wir tragen mal statt braunen Boots knallrote Highheels, statt einem Knie bedeckenden Jerseykleid stecken wir unseren Body ein anderes Mal in einen ledernen Minirock und statt einem khaki Outdoor-Parka bekleiden wir uns tags darauf mit einem grellgelben, knappen Lackblazer. So was können Männer nicht! (Die meisten zumindest nicht!) Also Flexibilität statt Gewohnheit!

Schön wär's, nicht wahr? Ich muss leider gestehen, dass ich bisweilen auch ein Gewohnheitstier bin. Neben meinen eingefahrenen Ess- und Schlafgewohnheiten liebe ich es, abends auf meiner Couch herumzulümmeln. Zumindest in der dunklen Jahreszeit. Wenn es dann auf das Frühjahr zugeht, scheinen meine Lebensgeister in die Hände zu spucken und aktivieren mich Gott sei Dank jedes Jahr aufs Neue wieder, auf den Sattel zu steigen. Ja, ja, aber bitte auf den gewohnten!

Und gewohnt war ich schließlich einen schwarzen Choppersattel auf einer perlmuttweißen Dreibein-Stute. Und dieses Feeling wollte ich unbedingt weiter erleben, allerdings auf zwei Rädern. Was tun?

„Nun", werdet ihr sagen, „dann kauf dir doch einfach die Suzuki mit zwei statt drei Rädern."

Im Prinzip hättet ihr Recht. Doch Thomas bestand darauf, dass meine neue Maschine unbedingt ABS haben sollte. Das hatte die Suzuki Intruder zu dem Zeitpunkt nicht. Also hielten wir nach Alternativen Ausschau.

Zufällig stand nach einer Fahrstunde im Hof meines Fahrcoaches Martin eine super schöne Chopper, eine Honda Shadow. Sie gehörte dem Nachbarn und ich zögerte keinen Moment, diesen zu fragen, ob ich einmal probesitzen dürfte. Das ging in Ordnung und ich stieg auf. Welch ein Sitzgefühl! Genau so wie auf meinem Dreirad! Ich kam überall bequem dran, meine Füße fanden ohne Mühe den Boden und die Handhabung im Stand war so, wie ich es gewohnt war. Ich sage nur: Gewohnheitstier!

Damit stand für mich fest: Eine Honda Shadow musste es sein. Dazu kam, dass dieses Modell ab einem bestimmten Jahrgang serienmäßig mit ABS ausgestattet war. Thomas begab sich im World Wide Web sogleich auf die Suche und fand bei den Gebrauchten schon recht bald ein ansprechendes Exemplar, das in unseren Preisrahmen passte. Außerdem wurde es nicht allzu weit von unserem Wohnort angeboten.

Wir machten einen Besichtigungstermin aus und standen alsbald vor meinem Traummotorrad – allerdings in schwarzer Gestalt. Wieder saß ich Probe, konnte allerdings nicht fahren, weil abgemeldet. Die Maschine hatte nur wenige Kilometer auf dem Buckel, war sehr gepflegt und sprang sofort brav an. Auch Thomas zeigte sich überzeugt und der Kauf wurde abgewickelt.

„Schade, dass es keine Weiße ist", grummelte ich vor mich hin, wusste aber genau, dass dieses Modell nicht in weiß hergestellt wurde.

Nach einem Blick auf meinen Kontostand beschloss ich, dass in Anbetracht des günstigen Kaufpreises noch eine Neulackierung drin war. Die Shadow wurde geliefert und gleich am nächsten Tag auseinandergenommen. Das heißt, Thomas schraubte die fünf Karosserieteile ab und wir beauftragten unseren Lackierer, diese genau in der gleichen Farbe wie mein Dreirad zu lackieren. Zusätzlich bekam sie Lederpacktaschen, Fußbretter und Zusatzscheinwerfer.

Ich kann euch sagen: Als sich dann meine Neue aus einem schwarzen in einen weißen Schwan verwandelt hatte, standen mir beinahe die Tränen in den Augen! So schön stand sie da: perlmuttweiß und glänzend. Und absolut einmalig. Meine weiße Lady Nummer zwei!

Wir ließen sie zu und ich konnte es kaum erwarten, eine erste Runde zu drehen. Doch gleich am Anfang merkte ich schon: Meine Neue hatte allerhand Pfunde auf den Rippen. Allein das Aufrichten benötigte schon mehr Krafteinsatz als die leichte Fahrschul-Kawasaki. Immerhin brachte meine kräftige Lady über 270 Kilogramm auf die Waage.

Dafür war die Bedienung fast identisch mit meinem Dreirad, so dass ich, erst mal in Bewegung, mit meinem Zweirad-Chopper zurecht kam. Gewöhnungsbedürftig war mal wieder das Kurvenfahren. Martins Fahrschulmaschine mit über 100 Kilogramm weniger Gewicht ließ sich erheblich leichter lenken. Also hieß es für mich erst mal piano und die Gegebenheiten antesten. Ein tolles Gefühl dagegen war von Anfang an das Fahren auf langen Geraden und der Autobahn. Da lag die Honda genauso wie das Dreirad fast wie auf Schienen.

Ich „trainierte" ähnlich wie damals auf drei Rädern: Ich fuhr annähernd täglich für mich alleine eine kleine Rundstrecke durch die Dörfer der Umgebung mit vielen Kurven. Anfangs gelangen nicht alle Kurven schön gleichmäßig; mit der Zeit aber klappte es immer harmonischer. Natürlich gehörten auch Gefahrbremsung, Langsamfahren und Ausweichmanöver mit zum Programm, alles auf einsamen, asphaltierten Feldwegen.

Ich fühlte mich immer wohler auf meiner neuen weißen Lady. Dennoch beschloss ich, die großen Reisen weiterhin mit meinem Dreirad zu absolvieren, nicht zuletzt wegen der besseren Gepäcktransportmöglichkeit. Und bei den nächsten beiden Reisen, einmal um die Adria, einmal nach Norwegen, kam ich in einige Situationen, in denen ich meine Entscheidung nicht bereut habe. Schließlich hatte mein Dreirad stets einen absolut sicheren Stand.

Zu Hause allerdings musste ich auf zwei Rädern jedes Mal fast wieder von vorne anfangen, da sich das Dreirad-Feeling erneut verfestigt hatte. Dann stand mal wieder an: Üben, üben, üben!

Gegen Ende der Saison beschlossen wir, doch noch ein Motorrad-Wochenende mit zwei mal zwei Rädern zu unternehmen. Dafür brauchten wir schließlich nur kleines Gepäck. Das Wetter spielte mit und wir bereisten ganz entspannt Taunus und Odenwald. Nun, ich gebe es zu: Die Kurven nahm Thomas flotter und er bugsierte meine dralle Lady lieber selbst in die Hotelgarage. Auch das Wenden auf der Straße war nicht gerade eine meiner Lieblingsübungen ebenso wie das Fahren auf sehr schlechter Straße, was meiner besseren Hälfte offenbar gar nicht so viel auszumachen schien. Ich hingegen merkte jede Unebenheit deutlich.

Dennoch war ich nach der Heimkehr mit mir und meiner Neuen mehr als zufrieden, hatten wir beide doch unsere Feuertaufe bestanden.

22. Geile Kurven

Männer lieben Kurven! Kurven in allen Formen und Varianten. Und das scheint in jeder Generation gleich zu sein. Männer lieben einfach das Runde. Ein Beispiel ist sicher der Ball aller Bälle: der, den man mit dem Fuß tritt. Schon als Zweijähriger tritt ein Dotz lieber einen Ball, als dass er ihn mühsam mit den Händchen hochnimmt und dann extra wieder wegwerfen muss. Da könnt ihr Mädels bereits einen frühen Hang zur Bequemlichkeit beim Manne feststellen! Ist sozusagen in den Genen angelegt! Später liebt er diese Sportart weiter heiß und innig, ist vielleicht sogar im Fußballverein vorletzter Verteidiger oder kickt auf dem Bolzplatz mit seinen Freunden bis zur Dunkelheit. Nach den Jahrzehnten des aktiven Sports – bei den meisten sind die Jahrzehnte freilich kürzer – erlebt der Mann die passive Spielfreude, nämlich als Zuschauer im Stadion oder vor der Mattscheibe.

Immer, egal in welchem Stadium, hängen seine Augen starr stierend am Runden. Das Runde kann ihn dann zu emotionalen Explosionen veranlassen, sei es in Form von Begeisterungsstürmen oder tiefster Verzweiflung.

Ähnlich – ihr ahnt es sicher schon – wirken weibliche Rundungen auf die Psyche der Männerwelt. Seine ersten Erfahrungen macht der Kleine selig schmatzend an der wohlgeformten Mutterbrust, die ihn sozusagen auf dieses weibliche Körperteil als Lustspender vorprogrammiert. Später, in der Pubertät, macht er erste Erfahrungen, dass diese Kurven nicht nur zur Nahrungsaufnahme dienen können. Und dann geht sie ab, die Luzie, nämlich seine immerwährende, intensive Suche nach den allerschönsten

Kurven – zum Betrachten, zum Staunen, zum Fühlen und zum Genießen.

Auch hier verzeichnet der (all)gemeine Mann überwältigende Emotionen der Begeisterung, wenn er tatsächlich näheren Kontakt zum Runden hatte, oder zur tragischen Verzweiflung, wenn ihm zuvor auf die Finger geklopft wurde mit dem spitzen Schrei „Wage es nicht!".

Daher ist es nicht verwunderlich, dass Mann auch bei der Spezies „Motorrad" in seiner innersten Gefühlswelt Affinitäten zum Runden entwickelt. Schließlich sind das Wichtigste bei einem solchen Gefährt, damit es fährt, die runden Räder. Ich wage es sogar zu behaupten, ohne die Liebe des Mannes zum Runden wäre es in der Geschichte der Menschheit überhaupt nicht zur Erfindung des Rades gekommen! Also die Räder mit Felgen und Reifen faszinieren ihn beim Betrachten oder gar Kaufen eines Motorrads besonders. Je nach Verwendungszweck strebt er nach breiten oder schmalen Schlappen mit Speichen- oder Alufelgen, regen- oder geländetauglichem Profil und so weiter.

Diese Betrachtungsweise ist jedoch noch nichts gegen seine Wahrnehmung der übrigen Kurven. Hat das Gefährt eine gefällige Tanksilhouette, passen sich die Kotflügel in ihrer Biegung harmonisch dem Reifen an und ist das Gepäcksystem mit schmeichelnd runden „Ecken" ausgestattet? Sicher habt ihr Mädels ihn einmal fassungslos beobachtet, wenn er ein neues Fahrzeug entdeckte, sei es mit Kaufabsichten oder einfach nur mal so. Er nähert sich gewöhnlich langsam, man könnte schon sagen schleichend, dem Objekt seiner Begierde, lässt dann die Blicke sinnierend über die Maschine schweifen, bis er schließlich stier starrend an irgendeiner Rundung hängenbleibt.

Und genau diese Kurvensituation hat es ihm so angetan, dass er dann seine lüsternen Finger einfach nicht mehr bei sich halten kann. Langsam streckt er dann den Arm aus in Richtung angepeilter Stelle und streichelt so zart über eine Rundung seiner Angebeteten, wie er es damals vor Jahrzehnten ein erstes und letztes Mal bei seiner ersten Liebe getan hat. (Lasst euch trösten, Mädels, so etwas passiert ihm nicht nur bei Motorrädern, nein auch bei … Autos.)

Hat er sich nun beispielsweise bei einem Motorradhändler ausgiebig optisch und haptisch mit der Maschine befasst, so, da wette ich mit euch, stellt er dem herbeieilenden Verkäufer seine allererste, brennendste Frage: „Wie ist denn ihre Kurvenlage?"

Ihr merkt schon, alles andere ist erst einmal zweitrangig: die Sitzposition, der Anzug, der Verbrauch, die Höchstgeschwindigkeit, das Bremssystem. Nein, das Allerwichtigste für den Mann sind mal wieder die Kurven!

Warum? Na klar, weil er von Geburt an das Runde zu schätzen weiß. Übertragen auf das Motorradfahren an sich langweilt ihn die gerade Strecke, da kurvenlos. Nein, nur eine Strecke mit zahlreichen großen und kleineren Kurven versetzt ihn in das Stadium „Bikerglückseligkeit". Vielleicht lest ihr ab und zu mal Reiseberichte in den verschiedenen Motorradzeitschriften. Schwerpunkt der Berichterstattung sind meist Beschreibungen der Kurvenlage, das „Kurvenräubern" an sich oder das „Schwindligfahren" auf Serpentinenstrecken. Ganz groß kommt man beim „Bikerlatein" an Stammtischen als Mann mit der Anzahl der gefahrenen Tornati raus („Mensch, ich bin in 49 engsten Kehren bis zum Pass gedüst!") oder auch mit der „spannenden" Beschreibung, wie oft eine Fußraste in einer Kurve aufsetzte und die Funken stoben.

Ja, da kann ich doch nur entgegnen: „Mensch, dann kauf dir doch einfach eine mit mehr Bodenfreiheit!" und schüttele innerlich den Kopf. Schließlich sind Fußrasten sicher nicht zum Bodenschleifen erfunden worden.

Aber so ist Mann eben, Fahrerlebnisse wie bunte Herbstwälder, still ruhende Seen oder hohe Nester mit brütenden Störchen werden kaum wahrgenommen. Alles dreht sich nur um Kurven!

Sieht der gemeine Mann dann allerdings einmal in einer schnell angefahrenen Kurve eine weibliche Schönheit am Straßenrand, sommerlich im Spaghettitop gekleidet mit Marilyn-Monroe-Kurven, ja dann kann es zur Katastrophe kommen: Das männliche Gehirn ist nicht mehr in der Lage, die Kurven unterschiedlicher Dimensionen sicherheitstechnisch zu sortieren und blockiert. Es gibt sozusagen einen Kurven-Kurzschluss. Na hoffentlich bekommt er dann noch rechtzeitig die richtige Kurve!

So etwas passiert Frau natürlich nicht. Sie hat eine ganz andere Beziehung zu Kurven. Ihre eigenen und die der Konkurrentinnen werden allenfalls am Rande wahrgenommen, auf ihre Wirkung eingeschätzt und dann ad acta gelegt. Höchstens noch mit dem Vorhaben, sich demnächst einen neuen Push-up zu kaufen. Punkt.

Das Runde an Fahrzeugen wird vielleicht noch wohlwollend zur Kenntnis genommen, viel wichtiger sind dabei allerdings Aspekte wie die Farbe, ein bequemer Sitz mit optionaler Sitzheizung, die Möglichkeit, Gepäck zu verstauen unter anderem für ihre zehn Halstücher unterschiedlichen Designs und vor allem: „Wie schaut mich denn das Fahrzeug an?"

Ja, ihr Jungs, falls ihr das lest, egal ob Motorrad oder Auto: Der Blickkontakt zwischen Maschine und Frau ist etwas ganz Besonderes! Da muss die gegenseitige Sympathie stimmen! Man muss sich förmlich mit einem Blick verstehen! Deshalb haben viele Bikes von Frauen auch Namen. Manchmal nur heimlich, aber immerhin. Fragt mal in einer stillen Stunde eure Partnerin, wie ihr Gefährt heißt! Ihr werdet euch wundern!

Ach ja, und dann sind da ja auch die Kurven auf der Straße. Die werden zunächst einmal als notwendiges Übel in Kauf genommen. Schließlich gibt es ja kaum eine gerade Verbindung von zu Hause zur Eisdiele oder einem anderen Ziel. Also heißt es mal wieder: Tempo drosseln, runterschalten, bremsen (mit welcher Bremse noch gleich?), ausholen, Kurvenwinkel berechnen, Scheitelpunkt ausloten, Gegenverkehr berücksichtigen, Lenkimpuls geben, Gewicht verlagern, geschmeidig einlenken, dann auslenken, sanft Gas geben, hochschalten und … durch. Puh, geschafft! Endlich wieder geradeaus! Oh, nein, dasselbe schon wieder, jetzt zur anderen Seite!

Glaubt mir, ich weiß wovon ich spreche. In den Jahren meiner Bikeerfahrungen habe ich so manche weite und enge Kurve kriegen müssen. Dabei war, wie bereits erwähnt, das Kurvenfahren auf drei Rädern komplett anders als auf zweien. Daher lebte ich zeitweise förmlich schizophren. Eine Automatisierung war schwierig, da das Gehirn immer wieder neu eingestellt werden musste.

Waren für das Dreirad nicht die engen sondern die langgezogenen Kurven ein Problem, weil bei höherer Geschwindigkeit erhebliche Fliehkräfte an meinem Body zerrten und die Oberarme mächtig zu tun hatten, bedeuteten beim Zweirad enge, langsam zu fahrende Kurven eine besondere Schwierigkeit. Irgendwie wurden sie oft zu groß.

Später erfuhr ich, dass es mit meiner Schräglage zu tun hatte, da ich mich noch nicht allzu weit herunter traute.

Und so besuchte ich mit meiner Shadow mein erstes Fahrsicherheitstraining, insbesondere um in Sachen Kurvenfahren mehr Gefühl zu bekommen. Es war ein reines Frauentraining beim ADAC. Das war auch gut so. Fast alle Mädels hatten die gleichen Probleme wie ich und sprachen bei der Vorstellungsrunde ganz offen darüber. Jede sagte frei heraus, was sie alles nicht könnte. Jochen, unser Coach, war ganz fasziniert. Das hatte er so vorher noch nicht erlebt! Seine Erfahrungen mit Kursen des anderen Geschlechts liefen immer darauf hinaus, dass die Biker behaupteten, eigentlich *alles* zu können, lediglich *noch besser* werden zu wollen.

Also fuhren wir Mädels uns auf dem Platz erst einmal ein und locker, dann um die Hütchen und in die Gasse. Schön langsam und vorsichtig, wie wir Frauen eben angelegt sind. Jochen ahnte aber offenbar schon, welch fatale Folgen ein zu langsames Tempo in engen Kurven haben könnte und ließ uns jeweils solo passieren. Dabei lief er im kritischen Hütchenmoment seitlich hinten versetzt mit und konnte so des Öfteren die Maschine noch rechtzeitig auffangen, bevor sie sich flachlegte. Der Mann hatte eben Erfahrung mit Frauen! Auch mir half er ein paar Mal mit flinker, sicherer Helferhand. Danke Jochen, du Frauenversteher! Vor allem, weil du unsere Sorgen und Nöte ernst genommen und uns wirklich behutsam weitergeholfen hast. (Das können eben nur externe Trainer; eigene Partner sind für diese Rolle häufig zu untalentiert, weil zu ungeduldig!)

Also machten die anderen Bikerinnen und ich Fortschritte in Sachen Kurven- und Kehrenbewältigung, aber auch bei Vollbremsungen und beim Ausweichen. Hier tat mir mein ABS gute Dienste und ich fühlte mich bei der Gefahrbremsung aus Tempo 70 immer noch sicher. Allerdings merkte ich schon, dass ich bei den engen Kurven mit meiner langen Chopper erhebliche Nachteile hatte im Vergleich zu den leichteren Maschinen meiner Kolleginnen. Das gab mir zu denken.

Wieder auf der Straße konnte ich aber sofort feststellen, dass das Training mehr Sicherheit und ein entspannteres Handling meiner Maschine gebracht hatte. So fuhr ich auf dem Heimweg die Kurven schon viel gelassener: Tempo drosseln, Scheitelpunkt berechnen, sich hineinziehen lassen, anziehen, durch. Doch von Kurvengeilheit noch keinen Schimmer! (Bin ja auch kein Mann.)

23. Fahrzeugverkauf Teil I

Vielleicht habt ihr auch schon einmal ein Fahrzeug verkauft, habt inseriert, euch dann in Geduld fassen müssen, bis ein erster Interessent auf der Bildfläche erschien, habt zu einer Besichtigung geladen und wart glücklich, wenn der Verkauf auf Anhieb glatt über die Bühne gegangen war. Das ist eigentlich der Normalfall. Nicht bei uns!

Im Laufe der Jahre gab es immer wieder die absonderlichsten Situationen, wenn wir ein Fahrzeug verkaufen wollten. So, als ob ein Geist sein schelmisches Unwesen trieb. Jüngst zeigte sich dieser Einfluss beim Verkauf unserer Harley.

Da mein Gemahl nun doch beschlossen hatte, seriöser zu werden, entschloss er sich, seine Harley Road King zugunsten einer BMW GS zu verkaufen. Ich sprach dies schon einmal kurz an. Er ging zunächst zum Frisör, ließ sich wieder einen flotten Kurzhaarschnitt verpassen, sortierte seine Harley-Kleidung aus und inserierte die klassische rote Lady bei mobile.de. Hintergrund war allerdings auch die Erfahrung, dass es sich mit einem so schweren Chopper bei unseren Reisen, die teilweise über unbefestigte oder sehr schlechte Straßen führten, nicht sehr komfortabel fahren ließ. Mir tat diese Entscheidung sehr leid, saß ich doch sehr bequem als Sozia hinter ihm. Wenn ich denn mal als Sozia und nicht als SFin mit ihm unterwegs war.

Nach längerer Wartezeit erreichte uns ein Anruf, ob denn das Gefährt noch zu haben sei. Das Ungewöhnliche daran: Am anderen Ende der Leitung sprach eine Frau! Eigentlich hatten wir die Erfahrung gemacht, dass die Männer die Verkaufsverhandlungen für ihre Frauen führten, da sie ja in der Regel auch das bessere technische Know-how hatten.

Dass dies so ist, gebe ich gerne zu, auch wenn ich mich als besonders emanzipiert betrachte. Aber in Sachen Technik ist meist der holden Männlichkeit nichts vorzumachen. Da sind die Jungs einfach besser, schließlich spielen sie bereits im Alter von einem Jahr mit Autos, Schiffen, Flugzeugen und Motorrädern, nehmen diese auseinander – und Papa baut sie dann wieder zusammen. An dem klassischen Rollenverständnis ist tatsächlich was dran, so meine Erfahrung.

Also waren wir zumindest verwundert, dass sich ein weibliches Wesen persönlich für unsere Harley interessierte, und dann auch noch für eine solch schwere und leistungsstarke! Im Telefongespräch wurde schon klar, dass sie sehr motiviert war, das Geschäft zu tätigen, nicht zuletzt wegen der außergewöhnlich aparten Farbe. Klar, komme es noch auf den Preis an; dieser sei ja VB, also mit Spielraum.

Ein Termin wurde gleich für den nächsten Tag ausgemacht. Sie wohnte ja nur eine Fahrstunde von uns entfernt. Allerdings wolle sie ihren Exmann mitbringen, da dieser auch selber Harley fährt und mehr von Technik versteht. Aha! Also doch! Das männliche Fachwissen ist nicht zu verachten! Da springt man schon mal über seinen Schatten und aktiviert den Ex, dafür ist die Beziehung dann wohl noch ausreichend. Nun ja, für unser Verkaufsinteresse war dies nicht hinderlich.

Pünktlich zum verabredeten Termin fuhr das Auto der potentiellen Käufer vor. Es stieg ein Mann mittleren Alters, sportlich, gut aussehend, sympathisch wirkend, aus – und eine schlanke, mittelgroße Frau namens Tilly. Sie war mehr der spröde Typ, aber sehr kommunikativ. Man stellte sich vor und war, wie es bei Bikern üblich ist, gleich beim Du.

Dann ging es ab in die Garage zum Probesitzen. Unsere rote Lady blinkte frisch geputzt und poliert im Schein der

Garagenbeleuchtung und blinzelte ihrer potentiellen neuen Besitzerin aufreizend zu. Ein Strahlen ging über das Gesicht der mutigen Bikerin; offenbar sah sie hier geradewegs ihrem Traum ins Antlitz. Auch ihr Ex schien vom ersten Eindruck der Harley angetan zu sein. Das will ich meinen, hatte das gute Stück doch etliches an blinkendem Zubehör verpasst bekommen, was die Optik einzigartig machte.

Dann ging Tillys Strahlen über in einen Ausdruck des blanken Entsetzens. Ich beobachtete sie aus den Augenwinkeln und überlegte fieberhaft, was sie gesehen haben könnte. Nein, eine Beule oder Schramme konnte es nicht sein. Die Maschine hatte keinen Kratzer. Ein übersehener Schmutzfleck? Nein, stundenlang hatte mein Gatte gewienert und poliert. Es musste etwas anderes sein.

„Was ist das?", fragte Tilly schockiert und deutete auf das graue Schafsfell, das als kleiner Popowärmer und exklusives Stilmittel auf dem Fahrersitz lag. „Das ist doch wohl nicht von einem Tier?"

Thomas erklärte ihr, dass es sich um ein original Schaffell handele, also einem reinen Naturprodukt. Sie müsse es aber nicht mitkaufen.

„Nein, da kann ich mich nicht draufsetzen! Ich bin Veganerin. Das kann ich nicht mit meiner Einstellung vereinbaren!"

„Kein Problem, ich nehme es gleich weg", lenkte mein Mann ein und entfernte das tierische Sitzkissen.

„Nein, so geht es noch nicht", führte die Veganerin aus. „Du musst erst den Sitz abreiben, damit auch nichts vom Tier zurückgeblieben ist."

„Aber unter dem Fell ist eine Neoprenschicht aufgetragen, damit es nicht verrutscht", erklärte meine bessere Hälfte.

„Trotzdem, ich will ganz sicher sein, dass kein Haar auf dem Sitz ist", beharrte Tilly.

Der Kunde ist König, heißt die altbewährte Regel der Kaufleute. Also wischte mein Mann ausgiebig die Sitzfläche erst mit einem feuchten, danach noch mit einem trockenen Tuch „sauber". Dann konnte endlich das Probesitzen beginnen.

Und sie saß wirklich gut auf der schweren Maschine. Kompliment. Wo ich auch nicht im Ansatz mit meinen kurzen Beinen auf den Boden kam, stand sie sicher und konnte das Gefährt problemlos in die Senkrechte aufrichten. Mit anderen Worten: Frau und Maschine passten zusammen. Endlich zeigte sich auf Tillys Gesicht wieder das Strahlen. Die erste Hürde des Verkaufs schien genommen zu sein.

Nun überließ die Bikerin doch erst einmal ihrem Exgemahl die erste Probefahrt. Sicher ist sicher und außerdem sollte er ja ein mögliches Störgeräusch oder eine Unregelmäßigkeit des Laufrhythmus analysieren. Also machte sich Ex auf und lenkte die Maschine vorsichtig auf die Hauptstraße zu einer kleinen Prüfrunde.

Um das Warten angenehmer zu gestalten, begaben wir drei uns ins Wohnhaus, um eine Tasse Kaffee zu uns zu nehmen. Auf dem Weg dorthin kam das Gespräch auf Thomas Knieunfall und seine zeitweiligen Probleme mit der Bandscheibe.

Das treffe sich gut, meinte Tilly, dass sie ihm als Heilpraktikerin nun in der Wartezeit ein paar Tipps geben könne, erklärte sie spontan. Wo wir denn ein wenig Platz zum Hinlegen hätten. Nun ja, wir haben unter dem Dach tatsächlich eine kleine Fitnessecke mit einer Matte und Hometrainer.

„Ja, dann lass uns doch mal dorthin gehen und ich zeige dir ein paar Übungen", ereiferte sich die hilfsbereite Käuferin.

Beide stiegen die Treppe hinauf, während ich noch den Kaffee aufsetzte. Dann ging ich hinterher. Und was sah ich mit erstaunten Augen?

Mein Gemahl lag ohne Beinkleid, nur im Slip auf der Bodenmatte und wurde von Tillymaus bereits bearbeitet! Sie zog an einem Bein, legte das andere quer darüber und animierte ihn noch, gleichzeitig den Oberkörper und die Arme in die andere Richtung zu drehen. Es sah irgendwie verknotet aus, aber wenn es denn hilft.

Nun war Tilly voll in ihrem Element. Sie erklärte, welche Funktion jede einzelne Muskelfaser habe, beschrieb die verschiedenen Sehnen mit medizinischen, für mich eher chinesischen Fachbegriffen und ließ die Gelenke des Patienten in alle möglichen Richtungen drehen, biegen und schnappen.

Ich schnappte auch, allerdings nach Luft, da dieser Anblick unter der Prämisse eines Motorradverkaufs ja eher ungewöhnlich erschien. Dann lief Tilly zu ihrer Höchstform auf und demonstrierte ihre Massagetechnik. Dazu musste mein Gemahl, auf dem Bauch liegend, sein Shirt im Rücken nach oben und seine Unterhose doch tatsächlich ein Stück nach unten schieben! Ich solle gut zusehen, da ich ihn ja dann, wenn sie nicht mehr da wäre, selber massieren solle. Ich war geplättet! Eigentlich bin ich nicht der Typ, der so leicht auf den Mund gefallen ist. In diesem Fall jedoch war ich sprachlos und ergab mich in mein Schicksal.

Dann erklärte ich eilig, ich hätte die Massagetechnik verstanden und versprach, ab morgen in dieser Weise etwas für die Gesundheit meines Mannes tun zu wollen. Auch

Thomas bekundete, wie gut ihm diese Anwendung getan hat, aber dass man nun doch auch noch etwas anderes zu tun habe. In diesem Moment hörten wir mit großer Erleichterung, dass unsere Harley mit sattem Sound in die Garageneinfahrt hineinblubberte.

Wir trafen uns, natürlich wieder voll bekleidet, in der Küche zu einem Kaffee und einem Plausch über unsere Motorraderfahrungen. Man will ja schließlich eine positive Gesprächsgrundlage schaffen, damit letztlich der Verkauf über die Bühne geht. Aber auch hier war Tilly wieder ganz in ihrem kommunikativen Element und schilderte ausführlich ihre Reisen der letzten 15 Jahre. Jede Reise einzeln mit Wetterbericht!

Nach drei Stunden wollten wir allerdings doch noch mal auf das Thema Motorradverkauf eingehen. Zumal wir etwas später auch noch eine private Verabredung hatten. Ja, das sei eine gute Idee, bestätigte die Bikerin und wünschte nun ihrerseits eine kleine Probefahrt. Wir also wieder alle raus vor die Garage und Tilly saß auf. Etwas mulmig war uns schon, zumal sie erklärte, sie fahre derzeit nur eine 125er! Aber sie hätte Erfahrung mit schweren Maschinen und früher eine große Kawasaki gefahren.

Mit gemischten Gefühlen warteten wir auf das Losfahren unserer Masseurin. Aber wie schon erwähnt, hatte sie einen guten Stand und wohl eine gehörige Portion Gottvertrauen. Sie fuhr etwas wackelig an, nahm dann aber ohne Probleme die Kurve auf die Hauptstraße und war weg. Das vertraute Geräusch entfernte sich gleichmäßig, ohne dass es eine akustische Katastrophe gab.

Nach einiger Zeit flog Tilly mit einem Grinsen im Gesicht wieder ein. Offenbar war sie nun restlos überzeugt von ihrer Traummaschine. Dann folgte noch eine harte

Preisverhandlung. Schließlich war der Kauf in trockenen Tüchern, der Vertrag wurde unterschrieben, die Papiere wechselten den Besitzer und das Bargeld lag auf dem Tisch! Verkauf endlich geglückt!

24. Unterwegs mal so mal so

Mein Mann war stolz auf mich. Das bekundete er bei jeder Gelegenheit im Bekanntenkreis. Stolz, dass ich mir ein Dreirad zugelegt hatte und es mit Begeisterung fuhr, stolz, dass ich als älteres Semester noch den Motorradführerschein gepackt hatte.

„Ein Ehepaar im gesetzteren Alter sollte ein gemeinsames Hobby pflegen", waren seine wiederholten Worte. „Dabei darf der Partner seine Partnerin auf keinen Fall unter Druck setzen. Das funktioniert nicht und führt nur zu Frust auf beiden Seiten!"

Er hätte schon einige Paare an Motorradtreffs erlebt, die sich gegenseitig unschöne Worte an den Kopf warfen. Durch die Bank war er ihr zu schnell und zu risikofreudig, sie ihm zu lahm oder zu ängstlich. Da flogen dann über kurz oder lang die verbalen Fetzen bis hin zu risikoreichen bis höchst gefährlichen Verkehrssituationen, da sie um mitzuhalten, sich seinem Fahrstil versuchte anzupassen. Letztlich gab sie entnervt ihr neues Hobby auf und er musste wieder solo fahren. So schilderte mein Mann von ihm erlebte missglückte Bikerpartnerschaften und verurteilte sie aufs Schärfste.

Nein, so erklärte er immer wieder unseren Freunden, es ginge nur so, indem er sich als Biker mit mehr Erfahrung zurücknehme und auf den Leistungsstand und die Gefühle seiner Partnerin eingehe.

So weit die Theorie. Und die sicher ernsthaft vorhandenen Vorsätze. Und der schöne Schein nach außen. - Mädels, ich glaube, ihr wisst, was nun folgt. Jawohl, die harte Realität! Vielleicht habt ihr ähnliche Situationen bereits selber erlebt.

Die allerersten gemeinsamen Touren nach meinem Platzwechsel von hinten nach vorne - er auf seiner BMW R1200 RT mit 115 PS, ich auf meinem heiß geliebten Dreirad mit immerhin 54 PS - verliefen noch recht harmonisch.

Stutzig machte mich dann nur manchmal im Rahmen eines Überholmanövers die über unsere Helmkommunikation hereinströmende Frage: „Wo bleibst du denn?"

Klar, er hatte mit seinem Einspurfahrzeug schon längst mühelos den LKW überholt, während ich erst einmal aufschließen, den Gegenverkehr passieren lassen und mich als nicht ganz leichtes Dreispurfahrzeug mit neuem Anlauf auf die Überholspur begeben musste. Irgendwann waren dann meine PS ausgereizt – immerhin wog mein Fahrzeug leer satte 380 Kilogramm – und der Überholweg zog sich ein wenig. Daher ging ich kein Risiko ein und überholte erst, wenn ich absolut sicher war, dass es für meine Verhältnisse reichte.

Interessant war die Erfahrung, dass ich bei Serpentinen bergauf mühelos mithalten konnte, da ich im Gegensatz zum Motorrad kaum ausholen musste. Meine Spur auf drei Rädern war sogar am effektivsten, wenn ich die Kehren möglichst eng nahm. Anders sah das alpine Fahren jedoch bergab aus, da ich ohne ABS und Bremskraftverstärker das Gewicht meines Fahrzeugs mit Ladung und mir vorwiegend mit Hilfe der Motorbremse reduzierte. Schon bald hatte ich nämlich kapiert, dass mit zu hoher Geschwindigkeit und einem zu hohen Gang das Risiko aus der Kurve zu fliegen für mich zu groß war. Dazu waren die Fliehkräfte einfach zu gewaltig. Entsprechend war dann die Belastung für die Arme und Schultern sehr groß, so dass nach einer gemeinsamen Ausfahrt sogar das Halten einer Kaffeetasse mühsam erschien.

Am entspanntesten waren die Reisen durch Norddeutschland, Polen und die Dolomiten, die wir in der Kombination Dreirad und Harley absolvierten. Da mein Dreirad mit der integrierten Suzuki Intruder auf Chopperbasis konstruiert war, zeigte sich die Road King als annähernd optimaler Partner, wenngleich auch ihre PS-Leistung mit 110 PS in anderen Welten schwebte. Dennoch konnte man mit dieser Harley, die ein Leergewicht von fast 400 Kilogramm hatte plus Gepäck und Fahrer wegen der tiefen Fußrasten eben keine Kurven kratzen. – Aber das Cruisen genießen! Das war meine Welt! (Zumindest damals!) Und zeitweise war es auch die Welt meiner besseren Hälfte. Schließlich war Männe temporär vom Harley-Virus infiziert, jedoch nicht so, dass er sich auf seine alten Tage wie ein Rocker kleidete und benahm. Alles gemäßigt, lautete seine Devise.

Parallel dazu wollte er sich aber seine Touren-BMW nicht madig machen lassen, da ihn die zeitgemäße Technik der Lady aus Bayern immer überzeugte. Diese Überzeugung setzte sich letztlich durch – und die Probleme begannen.

Äußerlich zeigte sich die Veränderung, indem er sein Harley-adäquates längeres Haupthaar sportlich kurz stutzen ließ und seine doch sehr geschmackvolle Harley-Kleidung im Schrank nach hinten hängte. Nein, die bessere Motorradkleidung sei doch auf jeden Fall aus Goretex und das Ganze mit einem System von variabler Innen- und Außenkleidung, die man mühelos dem Wetter anpassen könne.

Als kleiner Exkurs sei hier nur erwähnt, dass meine Technik nach altem Zwiebelsystem mit Leder und Regenkombi immer schneller funktionierte, als sein Heraus- oder Hineinknüpfen diverser Klimaschichten. Ich dachte praktischer und fahre meist mit schwarzen Ledersachen, die ich ohne Weiteres abends auch „zivil" als Kleidung nutzen kann.

Ferner schob meine bessere Hälfte immer öfter die Bayerin als die Amerikanerin aus der Garage, wenn wir ausfahren wollten. So auch für unsere Adria-Umrundung durch Kroatien und Italien sowie unsere Norwegenreise. Als die Eröffnung kam, dass er lieber wegen des Komforts mit seiner BMW reisen wolle, schwante mir schon Ungemach. Und mein zaghafter Einwand, dass doch zwei Chopper optisch besser harmonierten, ließ er einfach nicht gelten.

Verstärkter gegenseitiger Frust, natürlich nicht wegen der Landschaft, ergab sich aus zwei Gegebenheiten. Zum einen entsprach die Straßensituation in Norwegen, zumindest auf den Straßen ab zweiter Kategorie, in keiner Weise meinem Gefährt mit drei Spuren. Die Straßen sind dort in der Regel extrem gewölbt, wohl um den reichlichen Niederschlag besser ablaufen zu lassen, was ja durchaus verständlich ist. Außerdem haben sehr viele Straßen längliche Frostaufbrüche oder von Lkws verursachte Spurrillen.

Dies behagte meinem Dreirad und mir überhaupt nicht! Fuhr ich nur auf meiner Straßenseite, hing ich ewig mit dem rechten Hinterrad bergab und musste permanent gegenlenken. Dies allerdings nicht gleichmäßig, da die Straße auch mal kurzzeitig plan sein konnte. Es empfahl sich daher ein Fahren genau auf der Straßenmitte, was aber bei Gegenverkehr nicht möglich war. Dann hieß es wieder ohne Kurvensituation ab in die Hängeposition.

Parallel zu dieser Schwierigkeit waren die Frostaufbrüche und Längsrillen zu beachten, die sich manchmal über Kilometer hinzogen. Hier verweigerten ab und zu beim Lenken die Hinterräder den Gehorsam und ich drohte ein paar Mal seitlich abzuschmieren, das heißt in eine Richtung zu gelangen, in die ich gar nicht fahren wollte. Da galt es nur noch, voll in die Eisen zu steigen um Schlimmeres zu verhindern. Aber Frau ist ja lernfähig!

Nach den ersten unschönen Erfahrungen dieser Art hieß die Devise für mich einfach: „Mach langsamer; geh kein Risiko ein! Du willst schließlich die Reise ohne Unfall absolvieren."

Und dann kamen über den Helm die Kommentare meines Vorausfahrers: „Das meinst du nur! Es ist doch gar nicht schlimm! Lass einfach laufen! Sonst penne ich mit deinen 60 Kilometern noch auf meiner Maschine ein und baue einen Unfall!"

Also war ich in der Zwickmühle, entschied mich letztlich aber zugunsten meiner eigenen Sicherheit und fuhr mein Tempo. Das führte sogar einmal dazu, dass ich die Kommunikation ausschaltete, um mich nicht ewig als Getriebene fühlen zu müssen.

Ein Aha-Erlebnis hatte ich einmal, als ich für eine kleine Ausflugstour von unserem Ferienhaus zum Westkap mit auf die BMW stieg. Die zuvor von mir auf meinem Dreirad erlebte Katastrophenstraße mit extremer Wölbung und Frostaufbrüchen schien der BMW nichts auszumachen. Sie glitt mühelos mit 80 bis 90 Stundenkilometern als Einspurfahrzeug an allen Widrigkeiten vorbei, es war keine Unannehmlichkeit spürbar. Klar also, dass mein Reisepartner meine Situation nicht nachvollziehen konnte, zumal er leider trotz meines Angebotes bis zum Schluss der Reise auf solch speziellen Straßen mein Dreirad nicht Probe gefahren war.

Ein zweites Mal war ein gemeinsamer Kurztrip zu einer maritimen Veranstaltung auf seiner Tourenmaschine, ich als Sozia, allerdings ein Horrortrip. Schuld war der Wind, der mit zirka 8 Windstärken von der Seite einwirkte. Um diese Kräfte auszugleichen, hielt mein Fahrer die Maschine über Land permanent in Schräglage, außer wenn wir durch windgeschützte Orte fuhren. Dann gab es den Aufrichtungsruck auf die andere Seite und das notwendige Gegensteuern. Für den Beifahrer eine absolute Tortur, da er die Kräfte ja erst in der Auswirkung spürt, anders als der Lenker, der unmittelbar reagieren und sich einstellen kann. Nein, dann fahre ich schon lieber selber, insbesondere auf einem standfesteren Dreirad!

Nun habt ihr ja bereits gelesen, dass ich nicht nur Dreirad- sondern sei einiger Zeit auch Zweiradambitionen hatte. Auf langen Reisen tat mir das Dreirad allerdings wertvolle Dienste, nicht nur, um das Gepäck bequem zu verstauen. Auch die Sicherheit beim Auffahren auf Fähren oder auf Schotter war entschieden von Vorteil.

Parallel trainierte ich regelmäßig zu Hause das Beherrschen meiner Honda Shadow. Ihr könnt euch erinnern: Das Fahren auf größeren Straßen mit wenig oder nur langen Kurven war geschenkt, da verhielt sich das Zweirad ebenso stabil und sicher wie das gewohnte Dreirad. Komplizierter hingegen waren kleine und kleinste Sträßchen mit engen Kurven und Steigungen. Hier wohnen wir im Mittelgebirge zu Trainingszwecken strategisch günstig, will sagen, wir haben von diesen Dingern jede Menge vor der Haustüre.

Meist war ich beim Üben alleine unterwegs und fuhr meine kurvige Hausrunde ab. Schön gemütlich und entspannt, mir selber immer die Tricks von Bernt Spiegel vorsagend. Mal klappte es besser, mal war ich weniger mit mir zufrieden, je nach Tagesform. Ab und zu fuhren wir aber doch gemeinsam auf zwei mal zwei Rädern, er auf seiner geliebten Power-BMW, ich auf meiner 46 PS-Maschine.

Und wieder hörte ich die gleichen Kommentare: „Bleib dran! Brems nicht vor der Kurve! Willst du Fahrrad fahren oder Motorrad?"

Nun ja, ich gebe zu, dass ich nicht mithalten konnte, zum einen, da ich viel weniger Zweiradpraxis hatte, zum anderen, weil ich immer wieder zwischendurch auf meinem Dreirad saß und damit die Schräglagen-Erfahrung einfach nicht gegeben war. Da nützte auch alles Lesen nichts, diese Routine bekommt man ausschließlich durch die Praxis.

Und eines konnte ich partout nicht: rangieren! Ein paar Mal fiel mir die Maschine beim Wenden oder rückwärts in die Garage „Füßeln" einfach um. Zur Sicherheit hatte ich direkt nach dem Kauf meiner „Neuen" in weiser Voraussicht Motorschutzbügel anbringen lassen. Meine etwa 160 kg leichte Kawasaki-Fahrschulmaschine bekam ich damals auch in schwierigeren Rangiersituationen stets in den Griff, das heißt in die aufrechte Position; mein Honda-Baby war leider mit rund 270 Kilogramm viel zu pummelig geraten. Ebenso wenig war ich in der Lage, mein Zweirad aus einer geringen Schrägen aufzurichten. Es ging einfach nicht!

Dennoch fuhr ich gerne ganz entspannt und alleine meine Hausrunde. Da wusste ich ja, was kam und traute mir diese Situationen auch alleine zu. Gemeinsam unterwegs kam es immer wieder zu Frust: Mein Mann wollte schneller durch die Kurven, ich traute mich nicht. Wobei ich in mittleren Kurven eine Geschwindigkeit von 70 Stundenkilometern nicht unbedingt als langsam empfand. Aber das ist ja, wie gesagt, Ansichtssache.

Als Sozia hatte ich auch keine Lust mehr mitzufahren, das war mir einfach zu passiv. Ich hatte keine Meinung zum

Status „Ausgeliefert sein". Ich wollte mein Tempo selber bestimmen und nicht auf Biegen und Brechen („Würg") wie ein Klammeraffe auf dem Beifahrersitz eingeklemmt sein.

Irgendetwas musste sich also ändern, hatte ich das Gefühl. Diese Gedanken schwirrten unablässig in meinem Kopf herum. Tagsüber und nachts. Ich träumte sogar davon!

25. Die Alptraum-Annonce

Dann hatte ich einen Alptraum!

Ich räumte gerade nach dem Essen die Küche auf, da sah ich sie: Die Annonce in einer Motorradzeitschrift. Auf dem Küchentisch. Aufgeschlagen. Zufällig. Eingekreist. Nicht von mir!

„WANTED! Motorradfahrer /Tourer/
GS) 55-68 Jahre, Raum SU,K,AK
für gemeinsame Touren von netter
Sozia (60/162/55), vorzeigbar,
gesucht, e-mail: doris.blau@gmail.com"

Ich war geplättet. OK, sagte ich mir, wir beide lesen bisweilen die Bekanntschafts- und Begleiter-Suchannoncen und amüsieren uns des Öfteren über die ausgefallenen, manchmal auch peinlichen Texte, insbesondere die aus der Sado-Maso-Szene. Nur weil Motorradfahrer ab und zu Leder tragen, wird suggeriert, dass viele Biker solche Vorlieben ausleben. Nun ja, wenn´s denn hilft; soll doch jeder nach seiner Fasson glücklich werden. - Aber mein Mann doch nicht!!!

Ich beschloss, trotz Puls auf 180 und Blutdruck kurz vor dem Bersten, die Sache erst einmal typisch weiblich, nämlich analytisch anzugehen. Das hatte ich doch jahrelang beruflich trainiert, das war im Blut, das lag mir. Schritt Nummer eins lautet immer: Text gründlich mehrmals lesen! Das tat ich. Nummer zwei: Was ist die Kernaussage des Textes? Aha, eine Sozia, also weiblich, sucht einen Motorradfahrer, männlich, für gemeinsame Touren. Schritt drei: Wie sind die Umstände? Die Art des Motorrads ist bei meinem Mann vorhanden, das Alter auch und die Region liegt in unserer Nähe! Dazu kam: Maße und Gewicht entsprechen dem Geschmack meines Mannes. Auf das angegebene Alter komme ich später noch zu sprechen. Fazit: Holzauge sei wachsam!

Nun begann es in meinem Gehirn zu rattern. Computermäßig liefen alle möglichen Reaktionsprogramme im Schnelldurchlauf ab. Zwei unterschiedliche Apps wurden herausgefiltert: Reagieren oder nicht reagieren. Das bedeutete: Spreche ich ihn darauf hin an oder tue ich so, als ob ich die Annonce nicht gesehen hätte. Ich entschied mich für das Zweite.

In meinem Berufsleben hatte ich nämlich die Erfahrung gemacht: Viele Dinge erledigen sich ganz von alleine, wenn man nicht reagiert. Also nach dem Motto: Erst mal sacken lassen. So weit, so gut. Damit war diese Geschichte erst einmal vergessen.

Dann kam sie: Eine Mail. Von Doris. Offen zugänglich auf dem Desktop unseres gemeinsamen Tablets. Ich war geplättet!

Hallo Thomas,
Danke für deine Nachricht. Bist du schon mit Sozia gefahren? Wie ist dein Fahrstil und wieviel Fahrerfahrung hast du auf dem Motorrad? Gerne würde ich mit dir mitfahren. Vielleicht bis irgendwann zum Kennenlernen und einer Probefahrt?
Freundliche Grüße
Doris

Da diese Mail eine Reaktionsmail war, hing auch gleich noch die Erstmail meiner, bis dato besseren Hälfte dran:

Hallo Doris,
ich habe deine Anzeige gesehen und fühlte mich angesprochen. Ich habe Soziaerfahrung und bin kein Raser. Gerne fahre ich Touren hier in der Gegend (Eifel, Sauerland, Westerwald, usw.). Ich freue mich auf Deine Antwort.
Bis dahin
Thomas

Ich bekam den Mund erst gar nicht zu. Da ich ja bereits Erfahrung im Umgang mit Überraschungen hatte, liefen unverzüglich die Reaktionsprogramme ab und wie zuvor favorisierte ich die App „Nicht reagieren, abwarten." Diesmal war es allerdings bedeutend schwieriger: Wut kam hinzu! War doch die eingekreiste Annonce nicht ohne Bedeutung gewesen. Das Holzauge war seiner erhöhten Wachsamkeitsfunktion gerecht geworden.

Warum war ich wütend? Ich fühlte mich „ausrangiert". (Bei dieser Stimmung warf ich mich stöhnend auf die andere Seite.) Da ich nicht unbedingt mehr mit riesiger Freude bei ihm als Sozia mitfahren wollte und ich ihn ja offenbar mit meinem eigenen Fahrtempo zu bremsen schien, suchte er sich also kurzerhand eine neue Begleitung. Und zwar eine weibliche! Dazu eine unbekannte!

Die ganze Sache lief ja fast in Richtung „Bauer sucht Frau"! Und jetzt kam das entscheidende Faktum: Es lief heimlich!

„Wut ist okay, aber gerate nicht in Panik", sagte ich zu mir selber. „Überlege lieber, wie du damit umgehen willst. Es gibt zwei Richtungen, in die die Sache laufen kann. Entweder springt er nach ein paar Mails von sich aus ab. Oder die Angelegenheit schaukelt sich hoch bis zu einem realen Treffen und einer gemeinsamen Ausfahrt."

Ersteres könnte ich dann noch unter „Als Golden Ager nochmal am Abenteuer schnuppern" mit viel Toleranz und Weitblick abtun. Unter dem Motto „Manche Jungs werden eben nie erwachsen". - Sollte sich aber die Situation zuspitzen in Richtung Umsetzung, musste ich handeln, wollte ich handeln. Mit anderen Worten: „Ich wollte Rache!"

Also lag ich auf der Lauer, ließ mir allerdings nichts anmerken. Ein paar Tage später wurde meine Aufmerksamkeit „belohnt". Lohn hat normalerweise etwas mit Freude zu tun, dieser Fall lag jedoch anders. Statt eines gehofften Endes dieser Digitalbeziehung kam die Fortsetzung in Form einer neuen Mail:

Liebe Doris,
zunächst ganz lieben Dank für deine netten Zeilen. Ich fahre seit zehn Jahren Motorrad, dabei bevorzuge ich einen zügigen Fahrstil. Leider fährt meine Frau auf ihrem Trike zu bummelig. Deshalb suche ich eine andere Begleiterin. - Wir könnten uns am Sonntag auf einen Kaffee beim Spanier an der Bachschleife treffen.
Bin gespannt auf deine Antwort und freue mich darauf.
Thomas

Hatte er die Angelschnur doch nicht eingezogen, sondern angelte munter weiter mit neuen Ködern! Meine Vermutung wurde nun bestätigt: Ich war ihm fahrtechnisch mit meinem Dreirad zu langsam, zu „bummelig". Er bevorzuge „einen zügigen Fahrstil". Um zu imponieren? Um sich selber zu beweisen? Wegen des sogenannten „Kurvenspaßes"? Wer weiß. Nun ging die Angelegenheit ja noch weiter, nämlich in Richtung Rendezvous. Beim Spanier! Dort, wo *wir* oft zu zweit bei Rotwein und Tapas so manchen romantischen Abend verbracht hatten. Dafür gab es nur ein Wort: Verrat!

Nein, ich wollte ihn noch nicht zur Rede stellen, ich wollte wissen, wie weit er noch gehen würde. Immer noch hatte ich die Hoffnung, dass er mir seine digitale Betriebsamkeit als Ausrutscher gestehen würde. Ich überlegte mir verschiedene Reaktionen von dem Verschicken manipulierter Absagemails bis hin zum Verstecken der Motorradschlüssel im entscheidenden Moment. Nein, das war alles zu banal, zu einfach, brachte nur etwas für den Moment, nicht aber auf Dauer. Dann kam eine weitere Mail:

Hallo Thomas,
vielen Dank für die Mail. Etwas ungewöhnlich ist es ja schon, dass du als offensichtlich "aktiv" verheirateter Mann eine Soziabegleitung suchst, aber unter toleranten Partnern ist ja einiges möglich. - Dein Vorschlag zu einem Kennenlern-Treffen beim Spanier passt prima.
Würde mich freuen, wieder von dir zu hören.
Gruß Doris

Schluck. Es wurde nun noch konkreter. Aber der Hammer in dieser Mail war die Annahme der Schreiberin, ich sei tolerant! Nein, bin ich überhaupt nicht! Und mein werter Gatte tat gar nichts dazu, dieses Missverständnis auszuräumen! Im Gegenteil, er ließ seine Internetbekanntschaft in dem Glauben, alles geschähe mit meiner Billigung. Das ist schon doppelter Verrat!

Offenbar war bei meinem Gatten vollends das Jagdfieber ausgebrochen. Denn er antwortete:

Hallo Doris,
ganz lieben Dank für deine Mail. Wir sollten telefonisch für Sonntag die Uhrzeit ausmachen. Anbei meine Nummer. Bei WhatsApp kannst du mein Profilbild sehen.
Bis dahin "die Linke zum Gruß" Thomas

Das war die Höhe! Vor kurzem habe ausgerechnet *ich* ihm beigebracht, wie man ein Profilbild bei WhatsApp einstellt und habe dieses auch noch selber „geschossen". Und zwar ein sensationell gutes! Dass er damit bei anderen Frauen Werbung für sich machen kann, mein Gigolo? Das trifft nur ein Wort: Hochverrat!

Darauf kam recht schnell die Antwortmail:

Hallo Thomas,
so machen wir es. Dein Profilbild sieht ja toll aus! Schau auf dein Handy, dort siehst du meins. Wir telefonieren morgen mal.
Doris

Und dann sah ich mehr oder weniger „zufällig" auf seinem Handy ihr Profilbild. Und war sprachlos! Ich hatte ja immer noch die Hoffnung, dass ihr äußeres Erscheinungsbild nicht den Geschmack meines Gemahls treffen würde, sei es wegen eines Mondgesichts, grauer Haare, Hakennase, Pickeln oder Warzen, am besten alles zusammen. Da war der Wunsch der Vater des Gedankens.

Die Wirklichkeit sah anders aus, nämlich in Form einer Wuchtbrumme. Sexsymbol wäre auch sehr treffend. Mich blickte eine Frau mittleren Alters an, aufreizend lächelnd, ohne Falten, den Kopf etwas in den Nacken geworfen und einen Arm leger hinter die Haare gestützt. Hinter die halblangen blonden Haare! Ihre Augen schienen zu verheißen: „Nimm mich!" Ihre Bluse war ein Stück aufgeknöpft und machte den Blick frei auf den beachtlichen Inhalt. Weit und breit kein Pickel, keine Warze, noch nicht einmal auch nur *eine* Falte!

„Und die soll 60 sein?", schoss es mir durch den Kopf. „Entweder ist das Bild 20 Jahre alt oder die Frau altert nicht!"

Mir wurde unter der Decke siedend heiß und ich strampelte mich frei. Ich stellte sofort im Geist eine Vergleichsliste auf: Mein Alter sieht man mir leider an, so aufreizend lächeln kann ich gar nicht, meine Falten habe ich mir redlich erworben und meine Haare waren einmal freiwillig dunkel und ich muss regelmäßig etwas dafür tun, dass sie es eine Zeit lang bleiben. Und mir läge es absolut fern, eine Bluse derart freizügig zu tragen. Vergleich zu meinen Ungunsten abgeschlossen. Schöner Mist!

Nun lag sein Handy kaum noch an seinem Stammplatz im Flur, sondern war immer öfter „am Mann". Offenbar erwartete er einen geheimen Anruf!

Jetzt war endgültig klar: Ich würde dort aufkreuzen. Ich würde Rache nehmen! Spätestens zu diesem Zeitpunkt sollte ein möglicher männlicher Leser dieses Buch aus der Hand legen, da die Autorin für eventuelle Herz-Kreislaufschäden nicht verantwortlich gemacht werden möchte!

26. Die Rache

Am nächsten Samstag teilte mir Männe mit, dass er am Folgetag mit seinem neuen Motorradkumpel Waldemar eine kleine Männer-Spritztour vorhabe. So etwas in Richtung Kurvenräubern und Knieschleifen. Also nichts für Frauen! Hätte ich ja sowieso keine Lust dran, argumentierte er. Stimmt. Er treffe sich dann am Sonntag um halb drei mit ihm an der Eisdiele und dann solle es losgehen in Richtung Eifel. So weit, so gut. Damit ließ er die Dauer des Trips offen und hatte Zeitreserven ohne Ende. Fein ausgedacht!

Aber er hatte die Rechnung ohne den Wirt, besser die Wirtin, gemacht. Da ich ja auf bekanntem Weg den eigentlichen Wochenend-Treffpunkt, Uhrzeit und sogar den Reisepartner, in diesem Fall die Reisepartnerin, in Erfahrung gebracht hatte, machte auch ich mich mental bereits auf den Weg. Zu überlegen war allerdings, wann ein Aufkreuzen meinerseits bei seinem heimlichen Rendezvous am wirksamsten war. Zu früh war Asche, da er ja erst einmal Blut lecken sollte. Zu erwarten war auch, dass er zunächst seine Maschine bestaunen ließ. Danach war sicher ein gemeinsamer Kaffeeplausch angesagt, um den anderen kennenzulernen und sich selbst von seiner besten Seite zu präsentieren. Nun könnte es aber durchaus sein, dass die Beiden gleich beim ersten Date auch eine gemeinsame Tour machen wollten. Das war das Risiko. Es durfte also nicht zu lange gewartet werden.

Somit war in meinen Augen etwa eine dreiviertel Stunde später für das Auftauchen meinerseits das Richtige. Ich ließ ihn am Sonntagmittag also fahren, wartete mit äußerster Anspannung ab und machte mich dann mit meinem Auto auf den bekannten Weg. Ich musste mich beim Fahren allerdings ziemlich zusammenreißen, um nicht vor Wut wie eine Wildsau die Kurven zu kratzen. Geht nämlich auch mit dem Auto!

Vor dem Spanier – ich kannte ja die Örtlichkeit durch traute, laue Abende mit meinem Gemahl – suchte ich nach einem günstig gelegenen Parkplatz. Dieser sollte etwas verborgen liegen, da ich die Lage erst einmal checken wollte. Das klappte und ich parkte unauffällig in einer Seitenstraße, vom Restaurant nicht einsehbar.

Ich wollte schon aussteigen, dann besann ich mich eines besseren und nahm erst einmal als Mutmacher einen kräftigen Schluck aus dem mitgenommenen Piccolöchen. Danach stieg ich aus und schlenderte gemütlich in Richtung des Lokals. Das erforderte eine außergewöhnliche Körperbeherrschung meinerseits, da ich am liebsten mit Schlachtruf und wehender Fahne losgerannt wäre. Vor der Eingangstüre des Lokals stand … seine, unsere (!) BMW. Ganz unschuldig. Eindrucksvoll, aber sonst genau wie immer. Die Arme ahnte gar nicht, dass sie bald zweckentfremdet werden sollte, sich nämlich von einer anderen Sozia als mir reiten lassen sollte. Ich schaute sie erst mitleidig, dann aber verschwörend an. Sie schien mir zurückzublinzeln und mir damit Mut zu machen. Gut so! Dann mal hinein!

Da sich das Wetter noch mal von seiner besten Seite zeigte, war zu erwarten, dass sich das Techtelmechtel außerhalb im Biergarten abspielte. Ich schritt also zielstrebig aber nicht eilig zur Terrassentür und verschaffte mir dort erst einmal einen Überblick. Das war eine günstige Variante, da ich selber sozusagen in Deckung war. James Bond, der ewige Held meiner Jugend, ließ grüßen.

Und dann sah ich sie: Im hinteren Teil des Biergartens an „unserem" Tisch sitzend! Das war die Höhe! Mir schwoll der Kamm.

„Durchatmen", sagte ich mir. „Bleib äußerlich lässig und gefasst!"

Günstig war die Sitzkonstellation: Sie saß frontal zu meinem Standort, er drehte mir den Rücken zu. Für den Überraschungseffekt die beste Variante. Auf dem Tisch stand ein romantisches Väschen mit roter Rose, von dem ich sofort annahm, dass mein Möchtegerncasanova ihr dieses als Kavalier alter Schule mitgebracht hatte. Ferner stand vor ihr ein Glas Rotwein, während er sich einen Kaffee bestellt hatte.

Sie trug über einer ziemlich weit aufgeknöpften weißen Bluse eine taubenblaue Lederjacke, wohl um eine gewollte Jugendlichkeit zu demonstrieren. Passend hierzu waren ihre Augenlider taubenblau geschminkt, die Lippen leuchteten aufreizend hellrot und dezentes Rouge belebte ihre Wangen. Das blonde, graufreie Haar trug sie mit legerer Fönwelle und im offenen, faltenfreien Ausschnitt blinzelte ein kleines Goldkettchen. Innerlich blieb mir die Spucke weg, hatte ich doch nicht damit gerechnet, dass die Frau in natura ebenso gut aussah wie auf ihrem Profilbild.

„Ruhig bleiben", ermahnte ich mich. „Du hast den Überraschungsmoment auf deiner Seite und bist jetzt absolut Herr der Lage!"

Sie schienen sich bestens zu unterhalten, denn zeitweise klang ein neckisches Lachen bis zu mir herüber. Die Hände der beiden lagen auf dem Tisch, nur wenige Millimeter voneinander entfernt. Nun reichte es!

Ich holte tief Luft und bewegte mich gemäßigten Schrittes in Richtung Ort der Lust. An dem Bistrotisch blieb ich stehen und schaute sie lässig an. Aus den Augenwinkeln bemerkte ich aber mit Genugtuung den geschockten Blick meines Gemahls. Ihm fiel förmlich die Kinnlade herunter. Allein dieser Anblick entschädigte mich fürs erste schon einmal für die vergangenen Nächte mit Schlafstörungen.

„Hallo", begann ich und blickte sie von oben herab möglichst sachlich aussehend an. „Sie kennen mich nicht, ich jedoch Sie, zumindest seit vier Wochen", leitete ich den Rachefeldzug ein.

Mein hilfloser Ehemann flüsterte heiser: „Komm, setz dich doch!"

Ich tat so, als ob ich ihn überhörte und blieb in meiner taktisch günstigen, erhöhten Position stehen. Sie schaute mich derweil zunächst überrascht und unwissend an, doch es schien ihr dann zu dämmern, um wen es sich bei mir handelte.

„Ich hätte nicht gedacht, dass er es so weit kommen lässt!", führte ich weiter aus, indem ich meiner Stimme einen etwas vehementeren Klang gab.

„Jetzt setz dich doch endlich bitte", flehte mich ihr Gegenüber an und schaute sich besorgt um, ob schon jemand von den Nachbartischen den sich anbahnenden Skandal mitbekommen hätte. Ich ignorierte ihn einfach.

„Sie nahmen in ihrer Mail an, ich sei besonders tolerant und es mache mir nichts aus, dass Sie mit ihm als Sozia mitfahren. Da liegen Sie falsch! Nein, ich bin in keiner Weise tolerant! Das geschah absolut heimlich. Ein Verrat ohne Gleichen!" Meine Stimme schwoll beim letzten Satz derart theatralisch an, dass einige Augenpaare in der Nachbarschaft irritiert zu unserem Tisch herüber schauten.

Mein Mann stand auf, fasste mich an den Arm und zischte giftig: „Lass uns vor die Tür gehen!" Ich schüttelte seine Hand ab und wandte mich seiner Begleiterin erneut zu.

„Und Sie hat er ja auch nach Strich und Faden belogen, indem er Sie im Glauben ließ, ich wüsste Bescheid!"

Sie öffnete leicht den Mund und wollte ihre Hände zum selbigen führen. Diesen spontanen Ausdruck des Entsetzens nahm ich ihr sogar ab. Sie hatte keinen blassen Schimmer gehabt. Ganz schön naiv für eine 60-Jährige, die im Laufe ihres Lebens eigentlich Lügenbarone kennengelernt haben sollte. Insgeheim verspürte ich in diesem Moment sogar einen Hauch von Mitleid mit der Armen.

Mein Mann stand hilf- und einfallslos daneben. Ihm fiel beim besten Willen keine geeignete Taktik ein, um diese Situation zu entzerren. Ich hatte eindeutig Oberwasser; ich war am Drücker; ich hatte die Fäden in der Hand!

Dann drehte ich mich langsam meinem entsetzten Gatten zu, blickte ihn mit meinem in langen Berufsjahren eingeübten bösen Blick an und verkündete mit fester Stimme: „Und dich erwarte ich in einer Stunde zu Hause zu einer Aussprache!"

Ich knallte noch das mitgebrachte Fläschchen Herztropfen auf den Tisch und erklärte der verdatterten Taube: „Kann sein, dass er jetzt gleich einen Anfall bekommt. Das macht aber nichts. Verabreichen Sie ihm dann einfach davon drei Tropfen!"

Anschließend drehte ich mich abrupt um, verließ zügig den Ort des Entsetzens und ließ die beiden verdatterten Turteltauben zurück. Draußen vor dem Anwesen zückte ich meine letzte Waffe: meinen knallroten Lippenstift. Ich hielt vor meiner Verbündeten, der BMW, an, bat sie innerlich um Verzeihung und schrieb zügig mit kräftigen Großbuchstaben das Wort „LÜGNER" auf ihr Windschild.

Boah! Das war die Krönung meines Rachefeldzugs! Das tat so richtig gut!

Ein paar Tage zuvor hatte ich allerdings bei meiner eigenen Maschine eine klitzekleine Ecke meiner Scheibe als Schreibtafel für knallroten Lippenstift getestet. Es hielt bombig gut – und war ohne Probleme mit einem feuchten Tuch wieder zu entfernen. Natürlich mit einer schmierigen Sauerei, aber rückstandsfrei.

Nur zu gerne hätte ich miterlebt, wenn mein Männe diese Bescherung sah. Ich glaube, er wäre förmlich ausgeflippt. Es gibt ja bekanntlich nichts Schlimmeres, als die „Beschädigung" des Lieblingsspielzeugs eines Mannes, sei es sein Auto oder sein Motorrad.

Rache ist eben süß!

Doch leider hatte ich hier einen Filmriss. Ich wollte es nicht, aber ich wachte auf. Ich war schweißgebadet! Noch nie hatte ich einen derart realitätsnahen Alptraum erlebt! Sogar Thomas war es nicht ganz geheuer und er bemerkte: „Du hast wohl schlecht geschlafen?"

Kann man so sagen, dachte ich mir und versuchte, in der Folgezeit als Eigentherapeut die Ursache für eine derartige emotionale Ergriffenheit zu deuten. Bald war für mich klar: Es lag an meiner Motorisierung. Hier musste sich schleunigst etwas ändern.

Natürlich schlug ich noch vor dem Frühstück den Annoncenteil der Motorradzeitschrift auf und suchte nach einer eingekreisten Anzeige. Pech gehabt – nicht doch: Glück gehabt! Weit und breit nichts Eingekreistes zu sehen!

In der Folgewoche suchte ich mir eine neue Maschine aus, eine kleine, passende Tourenmaschine. Aber das ist wieder eine andere Episode.

27. Fahrzeugverkauf Teil II

Die ausgesuchte neue Maschine konnte natürlich erst bestellt werden, wenn meine alte verkauft war und das Geld zur Verfügung stand.

Denn nach besagten Nächten stand mein Entschluss fest, eine leichtere, bedienungsfreundlichere Maschine zu kaufen, um sämtliche alptraumhaften Versuchungen gar nicht erst aufkommen zu lassen. Also hatte ich sofort damit begonnen, nach einem weniger „pummeligen" fahrbaren Untersatz zu suchen. Mein Dreirad ließ sich, wie berichtet, in langgezogenen Kurven nicht in beliebiger Geschwindigkeit lenken und meine Honda Shadow war nun mal ein typischer Chopper, der ebenfalls in Kurven nicht die beste Straßenlage hatte. Zudem war das Rangieren schon sehr mühsam.

Was mir allerdings auch irgendwie leid tat, hatten wir uns zum Schluss doch noch einigermaßen aneinander gewöhnt. Insbesondere war ich traurig, weil diese Maschine mit ihrer aparten perlmutt-weißen Sonderlackierung, den Fußbrettern und den Zusatzscheinwerfern an den Motorschutzbügeln ganz auf meine persönlichen Wünsche zugeschnitten war. Zudem saß ich wie in Abrahams Schoß. Aber der Entschluss war gefasst und meine weiße Perle stand bei mobile.de im Netz.

Also ging es mal wieder darum, ein Fahrzeug zu verkaufen. Hier hätten wir beinahe jede Menge Lehrgeld bezahlt! „Man kann so alt werden wie ´ne Kuh, man lernt doch immer noch dazu!"

Eine Woche lang tat sich nichts. Die beiden Motorradhändler, die wir bezüglich einer Neuanschaffung schon kontaktiert hatten, wollten meine Chopper nicht in Zahlung nehmen, da sie ja so „ausgefallen" lackiert und deshalb so gut wie unverkäuflich sei. Und außerdem beliefe sich der Preis nach Schwacke sowieso nur im deutlich niedrigeren Rahmen als unsere Vorstellung. Mit anderen Worten, die Händler wollten, wenn überhaupt, nur die Hälfte unseres angesetzten Preises zahlen.

„Na ja, typisch Händler", dachten wir uns so und setzten hoffnungsvoll auf den Privatverkauf. (Hatten aber im Ohr, dass es für das Schmuckstück keinen Markt gäbe.)

Dann bekamen wir eine seltsame WhatsApp:

„wil motorad. mein man sol kaufen. hir mailadrese …… nich auf diese numa anrufe. gehöt freunt. Was ist letzte preis?"

Wir reagierten per Email und korrigierten unseren VB-Preis ein wenig nach unten:

Letzter Preis 5.950,00. Keine weitere Preisverhandlung.
Gruß Thomas Meyer

Dann wurde die Angelegenheit konkreter:

Hallo.
Vielen Dank für Ihre Antwort. Mein Name ist Herr Ben Philipp, ich wohne in England und bin ein Broker. Der Preis für das Motorrad ist ok. Ich will mit einem Bank Cashier´s Scheck bezahlen. Schicken Sie Ihre Daten. Wenn das Geld auf Ihrem Konto ist, schicke ich Spediteur.
Grüße, Herr Ben

Uns blieb die Spucke weg. Wollte doch offenbar ein Ben für seine Frau, die sich in mein perlmutt-weißes Schätzchen verliebt hat, den Kauf perfekt machen! Und das Ganze auch noch in einem anderen Land. Meine Shadow sollte nach England schwimmen!

„Das muss aber echte Liebe sein, wenn ein Mann aus der Ferne seiner Frau den Motorradwunsch von den Augen abliest", schwärmte ich und ging voll und ganz in romantischen Gefühlen auf.

Mein Mann dagegen stieß einen Jubelschrei aus und wollte gleich ein Fläschchen Sekt öffnen, um den Verkauf zu feiern. Hätte ich ja gerne mitgemacht, aber bei mir stiegen bauchmäßig erst mal leichte Zweifel auf.

„Lass uns bitte erst darauf trinken, wenn das Geschäft wirklich über die Bühne gegangen ist und wir das Geld auf unserem Konto haben", holte ich meine bessere Hälfte auf den Teppich zurück.

Nun galt es ja erst einmal, an die Abwicklung zu gehen. Denn Eines stand für uns fest: Ob die Maschine in Deutschland blieb oder nach England ging, das war für uns egal. Verkauft ist verkauft.

Sicherheitshalber befragten wir parallel zum fortlaufenden Mailverkehr einen Bekannten, der schon mal mit Auslandsbankgeschäften zu tun hatte.

„Nein, da kann nichts passieren. Ihr müsst nur abwarten, bis das Geld auch tatsächlich auf eurem Konto ist."

„Na prima, dann ist ja alles klar", freuten wir uns und warteten gespannt auf die nächste Nachricht aus England. Diese traf einen Tag später bei uns ein.

Hallo.
Ich hoffe, Sie sind heute gut? Ich freue mich, Ihnen zu sagen, dass die Summe von 10.900 Euro, hat für Sie ausgestellt wurde, um die Kosten für das Motorrad zu decken, hängen Gebühr, Versandkosten, Grunderwerb / Abbruchkosten, Zollgebühren, Einfuhrsteuern, mit anderen Logistik zu sein in der Lage, das Motorrad an einen Kunden in **Indien**

versenden und machen gute Gewinne. Betrachten Sie die Motorrad mir verkauft.
Wenn Sie den Scheck erhalten, nehmen Sie es zu Ihrer Bank und lassen Sie mich wissen, wenn das Geld in Ihrem Konto, damit ich senden Sie den Lieferdienst zu Ihnen nach Hause, um das Motorrad zu nehmen. Denken Sie daran, dass das Gleichgewicht des Geldes, das 4.900 € für den Verlader ist. Hinweis: Wenn das Geld in Ihrem Konto, wird der Versender, um Ihr Haus zu kommen, um das Motorrad, Schlüssel, Dokument und Prozessgrunderwerb / Abriss zu nehmen.
Ich erwarte Ihre Antwort.
Grüße
Herr Ben

Aha, mal wieder eine Google-Übersetzung. Wahrscheinlich von einem Rechtsanwalt, der *eine* Vorlage für diverse Geschäftsabwicklungen benutzt und deshalb gleich mögliche Prozessgrunderwerb/Abriss-Eventualitäten mit im Schreibprogramm hat. Aber egal, Hauptsache das Geld fließt auf unser Konto, so unsere feste Überzeugung.

Aber der Hammer an der Mail war, dass meine Kleine nun nicht nach England sondern nach Indien verschifft werden sollte! Meine Gedanken überschlugen sich. Wohnt denn Frau Ben in Indien? Ist sie womöglich eine indische Geliebte? Oder ist sie vielleicht die Zweitfrau eines Maharadscha mit persönlichem Kontakt nach Europa? Will vielleicht der Maharadscha selber seiner Zweitfrau ein weißes Motorrad zum Geburtstag schenken?

Paralleler Gedankengang einer naiven Mitteleuropäerin: Wieso kann man in Indien keine Honda Shadow kaufen? Die liegen geografisch doch viel näher an Japan dran! Wieso lohnt sich da ein Geschäft über Europa? Und wenn ein Maharadscha das Geschäft macht, so hat er doch sicher alles Geld der Welt, um direkt von Japan ein Fahrzeug zu beziehen. Aber nicht in dieser tollen Farbe! Na, in Indien

169

wird es doch wohl Fahrzeuglackierer geben! Europäische Firmen lassen doch mittlerweile fast alles in Indien produzieren, weil es dort billiger ist. Fragen über Fragen. Und keine Antwort in Sicht.

Dann tat ich aus momentaner Langeweile etwas, das ich schon viel früher hätte tun sollen: Ich schickte meinem Sohn, seines Zeichens Banker und zu dieser Zeit mit Familie gerade im Auslandsurlaub, eine WhatsApp mit den neuesten Neuigkeiten:

Sohn, stell dir vor, meine Honda soll nach Indien verkauft werden. Wir sollen einen Scheck bekommen.
LG Mama

Umgehend kam eine Nachricht des offenbar geschockten Filius zurück:

Finger davon lassen !!! Scheck kann platzen, auch wenn Geld schon auf Konto ist!
LG Dein Sohn

Parallel dazu hatte Thomas bereits eine Mail nach England gesendet und das Geschäft bestätigt. Er erwarte nun den Scheck und wolle diesen bei seiner Bank einreichen. Wenn das Geld dort eingetroffen sei, stünde dem Abholen nichts mehr im Weg.

An diesem Abend hatten wir Freunde zu Besuch. Wir erzählten unsere außergewöhnliche Motorradgeschichte und hörten zu unserem Erstaunen ein ähnliches Erlebnis. Einer der Bekannten hatte Schmuck aus einer Erbmasse verkaufen wollen und bekam ebenfalls eine Mail mit dem Angebot, über einen Scheck das Geschäft abzuwickeln. Er erkundigte sich sogleich und erfuhr, dass die eingegangene

Geldsumme anschließend noch zwölf Monate ohne Grund vom Käufer wieder zurückgebucht werden kann. Dann sei alles weg: Schmuck und Geld. Und auch hier hätten die Geschäftspartner eine höhere Summe als den reinen Verkaufswert angeboten, der Überschuss sollte dann in bar dem Abholer mitgegeben werden. Also sei dann noch zusätzliches Geld auf Nimmerwiedersehen verschwunden.

Diese Geschäftspraxis bestätigte auch Sohnemann nach seinem Urlaub. Ja, ja, das sei doch allgemein bekannt, dass ein Auslandsscheck ein ganzes Jahr nach Buchung wieder abgezogen werden kann. Oh je, wie naiv waren wir da mal wieder gewesen!

Sofort beendete mein Mann dann das England-Indien-Geschäft mit folgender Mail:

Hi, ich mache das Geschäft mit meinem Motorrad nicht mit Ihnen und möchte keinen Scheck bekommen. Falls dieser doch eintrifft, sende ich ihn, ohne den Brief zu öffnen, zurück. Parallel werde ich die Polizei über ihre Aktivitäten informieren.
Thomas

Unmittelbar kam die erhellende Antwort:

????

Eigentlich hätten wir traurig sein sollen, dass es nun doch wegen der riskanten Umstände nicht zu einem Verkauf gekommen war. Froh waren wir allerdings, dass wir dem potentiellen Betrug noch rechtzeitig auf die Spur gekommen waren. Und sollten wir nun doch den Interessenten unberechtigterweise in Verdacht gehabt haben, sorry. Aber in dem Fall wollten wir einfach auf Nummer Sicher gehen.

Erfreulicherweise meldete sich in der Schlussphase unserer internationalen Geschäftsbeziehungen noch Carina. Carina aus dem Schwarzwald hatte ebenfalls unser Angebot bei mobile.de gesehen und stand voll auf Honda-Chopper und die Farbe weiß! Welch ein Zufall! Nach einem umfassenden Telefonat wurde ein Besichtigungstermin am kommenden Wochenende vereinbart. Carina und ihr Mann kamen gleich mit Transporter und einem dicken Briefumschlag mit Bargeld. Das Schwarzwaldmädel stieß beim ersten Blick auf die Maschine einen Freudenschrei aus, streichelte sodann über den perlmutt-weißen Sonderlack – und das Geschäft war perfekt! Keine Probefahrt, keine Preisverhandlung, kein Problem. Mit vereinten Kräften wurde die Honda in den Transporter gehievt und ab ging´s in den Schwarzwald. Danach stießen Thomas und ich endlich auf den erfolgreichen Verkauf an. Ein paar Tage später kam dann eine Mail, die uns überhaupt kein Kopfzerbrechen mehr machte:

Hallo ihr Zwei,
Die...mittlerweile meine Lady, steht mit den anderen Bikes in der beheizten Garage, hat ein schützendes Mäntelchen um und hält Schönheitsschlaf bis zum Frühjahr...Die Glückliche!
Anfang der Woche war's bei uns noch schön genug zum Fahren und ich machte mich schon einmal mit meiner weißen Lady vertraut. Ein tolles Fahrgefühl! Nun sind wir beide glücklich!
Liebe Grüße Carina

Na, dann waren wir ja schon zu viert glücklich, denn nun konnte meine neue Maschine bestellt werden. Welche, das verrate ich euch ein wenig später.

28. Bella figura

Im letzten Winter gab es ein Problem. Das heißt eigentlich in mehreren letzten Wintern. Und ich glaube, liebe Mädels, ich stehe mit diesem Problem nicht alleine da. Meine Kalorienzufuhr und die meiner besseren Hälfte entsprachen nicht unserem Kalorienverbrauch. Mit anderen Worten: Der Körper nahm zu viel Nahrung auf. Oder ganz brutal: Wir waren zu dick!

Nun stellt sich die Frage: Hat dieser Zustand Auswirkungen auf das Motorradfahren und wenn ja, welche? Gehen wir zunächst einmal vom rein optischen Aspekt aus. Grundsätzlich sollten Mensch und Maschine in einem harmonischen Verhältnis stehen. Das hieße adäquat: Eine schwerere Maschine, beispielsweise eine Goldwing, verträgt durchaus einen kräftigeren Körper oder auch zwei, wenn wir an die Sozia denken. Eine schlankere Enduro andererseits sieht optisch nur perfekt aus mit einem ranken, sportlichen Fahrer. Gut, auch die Ansprüche ans Fahren selber sind sicher andere: Die Tourer oder Cruiser lieben eher das moderate, gemütliche Fahren mit der Grundeinstellung, warum soll ich joggen, wenn ich auch spazieren gehen kann. Die Crosser und Rennmaschinen-Fahrer dagegen sehen das Motorradfahren von seiner sportlichen Seite und zeigen (meist) entsprechend durchtrainierte, schlanke Körper.

Da wir der ersten Fraktion angehören, so beruhigte man sein schlechtes Gewissen, entsprach die Figur also durchaus den Maschinen. Es war kein Stilbruch vorhanden, das war das Entscheidende.

Und außerdem haben die stattlicheren Figuren ja bekanntlich viel mehr Kraft, siehe Sumoringer. Da nun die entsprechend großen Maschinen wie BMW-Tourer und Harley Davidson selber ein höheres Gewicht vorweisen als die Geländemaschinen, scheint es ja nur recht und billig zu sein, dass deren Lenker, Schieber und Rangierer aufgrund ihrer Körpermasse diese besser handhaben können.

Und schließlich mein Hauptargument: Es gibt ja soooo leckere Sachen! Da ich ein Schleckermäulchen bin, lockt mich beim Tourenstop immer der selbstgebackene Kuchen oder die sensationelle Sahnetorte. Mein Partner bevorzugt da eher das Schweinenackenschnitzel mit majonäsigem Kartoffelsalat oder zwei Portionen Currywurst mit extra viel scharfer Soße. Als Getränk dient logischerweise das oder die alkoholfreien Weizen; „frei" assoziiert man ja irgendwie auch mit kalorienfrei. Und da man auf einer Tour mehrere Stopps macht, um nur ja nicht müde zu werden, steht natürlich etwas später die bekannte Eisdiele mit dem hausgemachten Sahneeis auf dem Pflichtprogramm. Vielleicht kennt ihr diese Szenerie aus eigener Erfahrung?

Das macht eigentlich nichts aus, denn der Körper verbraucht ja beim Motorradfahren jede Menge Kalorien! Man muss sich konzentrieren und das hundertprozentig, man bewegt sich beim Schalten und Bremsen und bei Sonnenschein kommt man eventuell ins Schwitzen und verliert dann automatisch Gewicht!

Jetzt ist aber endgültig Schluss mit den faulen Ausreden!

Mehrere Ereignisse veranlassten uns zu einer anderen Denkweise.

Ich hatte zwei Schlüsselerlebnisse. Zum einen beobachtete ich bei einem Motorradtreff eine extrem korpulente Selbstfahrerin. Nach der Pause, in der sich die Dame zwei Portionen Fritten mit vier Portionen Majo, drei Frikadellen, ein Magnum-Eis und einen halben Liter Limo verabreichte, ging, beziehungsweise bewegte sie sich schwerfällig in Richtung einer alten BMW 600. Und nun kommt's: Annähernd alle Blicke der männlichen und weiblichen Motorradfraktion folgten. Die Blicke der Frauen eher mitleidig, die der Männer eher geringschätzend, aber alle Blicke waren mit einer einzigen Neugier durchsetzt: Wie kommt die XXLfe denn nun auf die Maschine? Was soll ich euch sagen: Es ging tatsächlich, da sie relativ groß war, aber es sah einfach nur ... aus. Auch das Losfahren entsprach dem Gang: mühsam und unkoordiniert. Parallel hatte ich jedoch eine gewisse Bewunderung für sie übrig. Trotz ihrer Körperfülle teilte sie mit ihrem - übrigens extrem schlanken - Mann das Hobby Motorradfahren und traute sich was! Alle Achtung! Dennoch: Eine solche Figur wollte ich selber eines Tages auf gar keinen Fall abgeben. Es musste also etwas passieren.

Mein zweites persönliches Schlüsselerlebnis hatte ich in Uslar. Beim Besuch des dortigen großen Goldwing-Importeurs zeigte uns ein Verkäufer eine besondere Maschine in Aktion. Das heißt, er ließ einen jungen Mitarbeiter das neueste Modell im Hof vorfahren. Der junge Mann brachte vielleicht mal gerade 65 Kilogramm auf die Waage bei einer Körpergröße von höchstens 170 cm. Der Begriff „vorfahren" hatte eine ganz andere Dimension: Der Junge ließ die Goldwing tanzen. Er beschleunigte, bremste extrem ab, fuhr elegant engste Kurven und glitt walzerartig in Achten. Das Ganze in einer für mich unbegreiflich hohen Geschwindigkeit. Die schwere Maschine folgte den „Anweisungen" ohne Bocken wie ein Vollblutpferd einer andalusischen Kunstreiterin. Nach der „Vorführung" schob der junge Mann die schwere Maschine fast am kleinen Finger in die richtige Parkposition. Mir stand vor Staunen der Mund offen.

Mir selber, das muss ich leider zugeben, war das Rangieren meiner Honda Shadow überhaupt nicht gegeben; ich saß lieber drauf und „trippelte" sie mühsam dahin, wohin ich sie haben wollte. Für Zuschauer sah diese Aktion sicher zum Brüllen aus. Da nützte auch mein Gewicht keinen Schlag! Also, die Ausrede, Körperfülle sei nützlich, kann man vergessen. Auf die Technik kommt es an!

Neben dem Kraftargument, das nunmehr völlig entkräftet ist, spielt die Kleidung bei der „bella figura" eine entscheidende Rolle. Eigentlich ist es ganz simpel: Sie muss passen. Passen zunächst einmal in Hinblick auf die Konfektionsgröße. Und sie passte ja auch – vor Jahren, als sie gekauft wurde. Nun ist das Material in gewisser Weise anpassungsfähig, denn Leder dehnt sich ja mit der Zeit. Aber irgendwann ist Schluss! Dann kommt Trick zwei: Wir lassen an den leeren Außenjackentaschen die Reißverschlüsse auf. Bringt mindestens noch mal zwei Zentimeter Luft! Bei der Hose ist der elastische Bund eine gewisse Hilfe, bis auch diese ausgereizt ist und die Hose zwickt. Wird es dann abends kühler und man will die mitgenommene Fleecejacke noch drunterziehen fühlt man sich endgültig als Michelinmännchen. Auch der Blick in den Spiegel verrät: So geht es gar nicht mehr! Von „bella figura" kiloweit entfernt!

Wenn man dann Glück hat, siegt der Geiz und man kauft sich *keine* neue Kleidung. Man überlegt ernsthaft Alternativen, nämlich wie man das Innenleben des Anzugs verändern kann, also wie man den Körper zum Schrumpfen bringt. Der Vorsatz ist gefasst: Ich muss abnehmen!

Wieso Glück? Nun ja, es ist in gewisser Weise billiger als eine Neuanschaffung der Motorradkluft, wenngleich eine bessere Ernährungsform mehr kosten kann als die gewohnte.

Aber das eigentliche Glück besteht darin, dass es endlich Klick gemacht hat bezüglich einer bewussteren und gesünderen Lebensweise. Denn das Entscheidende ist, dass man durch ein Gewicht, das wirklich zum Körper passt, auch leistungsfähiger wird. Die Kondition wächst, die Beweglichkeit steigert sich und ganz wichtig: Man ist ausgeglichener, gelassener. Alles Voraussetzungen, die das Motorradfahren ein Stück sicherer machen.

Das heißt nicht, dass ich euch jetzt animieren möchte, zum Hungerhaken zu mutieren. Nein, das wäre der Weg ins Gegenteil. Aber ein bisschen Bewusstsein kann nicht schaden: Bin ich mit meinem Körper zufrieden und ist er für mein anspruchsvolles Hobby Motorradfahren leistungsfähig genug?

Diese Frage muss jeder selber beantworten, egal mit welcher „bella figura".

29. Verkleidung

Vielleicht könnt ihr euch noch an Willi aus Kapitel 1 erinnern. Willi ist der Inbegriff für „bella figura". Und dabei ist er noch nicht einmal Italiener! Auf unseren Reisen durch verschiedene Länder haben wir immer wieder festgestellt, dass die männlichen und weiblichen Nachfahren Cäsars es einfach drauf haben in Sachen Aussehen. Egal, welches Alter und welchen Status ein Italiener hat, er weiß sich zu kleiden und entsprechend zu bewegen. Niemals käme er auf den Gedanken, in Karoshorts mit dunklen Socken in Sandalen und überdimensioniertem Ringershirt auf die Straße zu gehen. Nein, das tun nur Vertreter anderer Nationen.

Und auch die Ladys können es: Sie zeigen sich stets elegant, aber dem Anlass entsprechend. Auch beim Sport tragen sie taugliche Kleidung, doch diese hat Pfiff. Sonntags sahen wir auch in den entlegensten Regionen die Mütter und Großmütter in geschmackvoller Kleidung durchs Dorf flanieren, ordentlich frisiert und geschminkt mit dezentem Hals- und Armschmuck.

An einer Autobahnraststätte erblickten wir kürzlich eine Italienerin in roten Stilettos. Und in Kombination mit ihrer übrigen Kleidung sahen diese Wahnsinnsschuhe in keiner Weise ordinär aus! Sie bewegte sich ganz natürlich und hatte eine überaus sympathische Erscheinung. Ich hingegen wäre in diesem Outfit die reinste Lachnummer! Aber deshalb würde ich so etwas auch nicht tragen, außer vielleicht zu Karneval.

Schlimm finde ich allerdings, wenn sich manche Kandidaten (vorwiegend männlich) in Klamotten zwängen, die sie einfach nicht tragen können! Entweder, weil sie nicht zum

Körper oder aber zum Typ passen. Sicher seid ihr solchen Vertretern schon mal begegnet und habt euch euren Teil gedacht.

Bei Willi war es anders: Er trug seine dezente Harley-Motorradjacke mit Grandezza. Auch Helm und Bikerhose waren geschmackvoll, aber nicht übertrieben darauf abgestimmt und passten hervorragend zu seiner bildhübschen Road King. Mann und Maschine waren sozusagen aus einem Guss. Ein Genuss fürs Auge!

Doch leider ist diese Kleider-Philosophie nicht jedem gegeben. Wie oft haben wir verkleidete Biker gesehen – und zwar außerhalb der närrischen Jahreszeit. Nicht dass ihr mich jetzt falsch versteht: Harley-Fahrer sollen von mir aus mit vollgenagelter Lederkutte und Rauschebart fahren, die Sportstypen in knallfarbenen, engen Lederkombis mit Knieschleifern und die Tourer in hochpreisigen Goretex-Anzügen mit Klapphelm. Jedem das Seine!

Wenn man es aber übertreibt und das Äußere wichtiger ist als das eigentliche Fahren, ist es schon fragwürdig. Warum muss ein seriöser Rechtsanwalt, wenn er denn eine kultige Harley hat, sich extra viele Ketten und Riemen an seine Fransenkutte schnallen? Warum stakt er in unbequem engen, dafür aber nach vorne viel zu langen Edel-Westernstiefeln über den Parkplatz und muss höllisch aufpassen, dass er nicht über seine eigenen Füße stolpert?

Warum greift ein Sportstyp zur Schleifmaschine und wetzt zu Hause vor Beginn einer Ausfahrt die Knieschleifer an? Vielleicht sogar in falscher Richtung? (Haben wir auch schon erlebt!)

Und warum muss der „Tourer" immer die neueste Entwicklung an wettertauglicher Motorradkleidung tragen, wenn er doch nur bei schönstem Sonnenschein auf der

Straße unterwegs ist? Und warum ist er mit dem Testsieger-Klapphelm des Jahres ausgestattet, wenn er nach maximal einer Stunde Fahrzeit bei Pausen im Biergarten doch sowieso den Helm auszieht?

In diesen Fällen denke ich persönlich, ist das Outfit reine Verkleidung oder Angabe. Der Träger will jemand anderer sein als er ist: der Rechtsanwalt mimt den krawalligen Rocker, der „Knieschleifer" den Rennfahrer und der Klapphelm-Träger den großen Tourenfahrer.

Ich glaube, wir Mädels sind von dieser Angeberschiene weit entfernt. Wenn wir uns für eine bestimmte Motorradkleidung entscheiden, so zählt für uns sicher zuerst der praktische Aspekt; dann, dass die Kluft gut zu unserem Typ und unserer Art des Motorradfahrens passt und schließlich, da wir als Haushaltsmanager bekanntlich besser rechnen können als der Finanzminister, das Preis-Leistungs-Verhältnis. Haben wir uns erst einmal für eine Kombi und einen Helm entschieden, dann werden wir alles heiß und innig lieben und so lange wie möglich tragen. Denn schließlich sind wir ja Bikerinnen und keine Modepüppchen!

Ach ja, dann wäre da ja noch das Thema Schuhe. Hier muss endlich einmal entschieden mit dem Vorurteil der Männer aufgeräumt werden, wir Frauen hätten ein Schuhfaible. Es gibt bestimmt ebenso viele Männer wie Frauen, die einige Paar Schuhe zu viel im Schrank haben. Aber die Mehrheit unseres Geschlechts hat Schuhe zum Tragen, nicht zum Verstecken.

Nun ist der Kauf von passenden Motorradstiefeln für uns Frauen nicht ganz einfach. In der Regel haben die Frauen kleinere und schmalere Füße als die Herren, also kommen die unisex Exemplare meist nicht in Frage. Sie sehen an unseren Füßchen auch eher aus wie Astronautentreter.

Wenn Frau einigermaßen groß ist, hat sie es leichter, braucht sie doch nicht auf eine höhere Sohle zu achten. Ist sie aber eher von kleinerer Statur wie ich, so ist die Auswahl bescheiden. Daher hatte ich mich seinerzeit zu einem Stiefel mit Sohlenerhöhung durchgerungen, auch wenn er nicht besonders elegant aussah und erst mal ein wenig drückte. Die daneben stehende italienische Variante (sehr geschmackvoll, aber nicht erhöht) musste leider im Regal bleiben. Ich habe es aber nicht bereut: Der Schuh wurde etwas geweitet und zum Eingewöhnen habe ich ihn dann vor der Saison ein paar Mal beim Bügeln getragen. Das habe ich früher auch immer rechtzeitig vor dem Winter mit meinen Skischuhen gemacht. Doch wie der Zufall es wollte, klingelte genau dann der Briefträger. Ich stampfte also mit Motorradstiefeln, Leggins und Trägertop schwitzend, weil zuvor kampfbügelnd, die Treppe runter zur Haustür und stand dann vor dem verdutzten Gesicht unseres postman. Ich erklärte ihm dann verlegen, dass ich gerade neue Schuhe beim Bügeln eintrage. Doch der Junge war klasse und ließ sich seine Verblüffung, zumindest bis er um die Ecke war, nicht anmerken.

Richtig wohl fühlte ich mich dann in meinen neuen Stiefeln allerdings erst, nachdem wir in Italien drei Bergdörfer per pedes besichtigt hatten und ich die gebeutelten Füßchen anschließend unter kaltem Wasser regenerieren konnte. Danach, spätestens aber nach der zweistündigen Regenfahrt durch ein Unwetter waren die Dinger eingetragen. Für die Handhabung meines Motorrads tun sie mir allerdings bis heute gute Dienste, habe ich doch einen sicheren Stand und kann mich beim Rangieren angemessen abdrücken. Also werde ich diese, inzwischen mir super angepassten

Stiefel möglichst lange behalten, egal wie im nächsten Jahr die neue Bikerinnenschuhmode aussehen wird.

Und eines möchte ich euch hiermit noch gerne auf den Weg geben: Steht zu eurem Stil! Macht nicht jede neue Mode mit, sondern tragt, was euch auf eurer Maschine am bequemsten, angenehmsten und sichersten ist. Darin könnt ihr euch entsprechend natürlich statt verkleidet bewegen und tragt zudem noch der Sicherheit Rechnung. Dann werdet ihr bestimmt auch eine „bella figura" abgeben!

Und jetzt erst richtig!

30. Weiße Lady Nummer drei

Ich berichtete euch bereits mein Problem, mit meinem werten Gatten fahrzeugtechnisch nicht kompatibel zu sein. Nun ist es ja bekanntlich so, dass Männer und Frauen grundsätzlich Schwierigkeiten mit der Kompatibilität haben. Frauen verstehen Männer trotz aller ehrlichen Bemühungen nicht immer, geben sich aber natürlich ständig die größte Mühe, emotional ihre Partner zu durchdringen.

Männer hingegen haben das viel massivere Verständnisproblem, da ihnen das Gen, die weibliche Psyche überhaupt zu erfassen, in der Regel fehlt. Sollte es doch einigen Wenigen der männlichen Spezies gelingen, so werden sie von ihren Artgenossen abfällig als „Frauenversteher" disqualifiziert. Welcher Skandal! Freut sich doch jede Frau immens darüber, von einem männlichen Wesen verstanden zu werden, am besten noch ohne Worte! Lediglich aufgrund einer leicht hochgezogenen Augenbraue, ihrer freudig funkelnden Augen oder gar einer minimalen Geste ihres kleinen Fingers. Wenn er dann sofort diesen deutlichen Wink der Mimik und Gestik versteht und entsprechend zuvorkommend mit Trösten, Zuwendung oder Liebkosung reagiert, ja dann ... befinden wir uns im Märchen!

Nein, Mädels, ihr habt inzwischen ja auch eure Erfahrungen gemacht und festgestellt, dass Männer häufig den berühmten Wink mit dem Zaunpfahl brauchen. Am besten noch mit einem ganzen Baumstamm! Nur dann ist eine gemeinsame Kommunikation vielleicht im Ansatz möglich. Ein weites Feld der Geschlechterkooperation.

Nicht kompatibel waren in unserem Fall aber auch die motorradmäßigen Bedingungen. Ich berichtete euch bereits darüber, dass sowohl mein Dreirad- als auch mein Zweiradchopper und seine BMW-Tourenmaschine so zusammen passten wie Pat und Patachon, Don Quichote und Sancho Pansa oder einfach wie die Schöne (ich natürlich) und das Biest.

Also begaben wir uns auf die Kölner Motorradmesse INTERMOT und hielten Ausschau nach einer Alternative für mich. Wie ja bereits angedeutet, wollte ich aufrüsten. Ich saß Probe. *Acht* Stunden stieg ich auf die verschiedenen Motorräder und wieder herunter. Gott sei Dank waren alle aufgebockt, denn ich hing grundsätzlich mit meinen kurzen Beinen in der Luft. Trotz aller Bemühungen der fachlich kompetenten Berater an den einzelnen Ständen, war keine Möglichkeit der Tieferlegung und Abpolsterung für mich ausreichend. Hieß die einzige Lösung, weiter Chopper fahren?

Nach besagten acht Stunden gelangten wir zur letzten Möglichkeit, noch etwas Passendes zu finden. Wir erreichten den Honda-Stand. Sollte es etwa wieder eine Honda werden? Dort wurden wir fündig. Im Angebot waren die flotten kleinen Alleskönner und laut Firmenwerbung Einsteiger-, Wiedereinsteiger- und Citymodelle der nc750-Reihe. Diese seien auch gedrosselt, also ideal für die A2-Führerscheininhaber. Aber das Beste: Ich kam mit den Füßen auf den Boden. Natürlich bei einem tiefer gelegten Ausstellungsstück. Überzeugt wurden wir dann noch durch das Doppelkupplungsgetriebe, eine Art praktischer Automatik, der Ausstattung mit ABS und dem echt sinnvollen

Gepäckfach dort, wo normalerweise der Tank sitzt. Und schließlich: Die Kleine hatte Charme!

Mit Prospekten bewaffnet machten wir uns auf den Heimweg. Tags darauf googelten wir weitere Informationen zu diesem Modell, sichteten den Gebrauchtfahrzeugmarkt und, als ob wir es bestellt hätten, gab es innerhalb der nächsten zwei Wochen in verschiedenen Motorradzeitschriften Tests und Vergleiche genau über diese Maschine. Und sie waren alle voll überzeugend. Außerdem gab es sie in meiner Wunschfarbe weiß. Nun war kein Halten mehr. Wir nahmen Kontakt zu Honda-Händlern in der Umgebung auf, informierten uns weiter und loteten die Preise aus.

Wir ergänzten noch die Ausstattungsmerkmale ein wenig, denn es sollte ja eine Reisemaschine werden, mit der wir auf Tour gehen konnten. Gepäcksystem, Motorschutzbügel, höheres Windschild und Zusatzscheinwerfer wurden neben dem Tieferlegungssatz geordert. Da wir einen Händler fanden, der noch ein weißes Vorführmodell besaß, dauerte die Fertigstellung meiner „Neuen" nur wenige Tage. Die Versicherung wurde informiert und die Maschine zugelassen.

Dann kam der Anruf des Händlers: „Morgen können Sie kommen und die Maschine abholen."

Nun sind eigentlich im November Tage, an denen man trocken Motorrad fahren kann, eher selten. Doch in diesem Jahr hatten wir Glück und nutzten einen schönen Herbsttag, der zwar ein wenig kühl, aber für die Überführung geeignet war. Außerdem heizte die Freude ja den Körper auf und die Unterkleidung war entsprechend kuschelig gewählt.

Im Laden nahm ich meine weiße Lady Nummer drei in Empfang und freute mich über die sichere und bequeme Sitzposition dieser Nicht-Chopper.

Der Motorradhändler gab mir eine geduldige Einweisung. Hier zeigte sich mal wieder, dass fremde Männer mit fremden Frauen eine Engelsgeduld haben und so was von einfühlsam sind! Liebe Leserinnen, wenn ihr mal einen wirklich bemühten, höflichen, ein wenig neckischen Mann erleben wollt, geht einfach in einen Laden mit technischen, für Frau im Allgemeinen eher schwierig zu durchdringenden Waren, beispielsweise für Motorsägen, Rennwagen, Laubsaugern und so weiter, stellt euer Licht bewusst unter den Scheffel und zeigt ein gewisses Kaufinteresse. (Nein, ihr sollt diese überflüssigen technischen Errungenschaften ja nicht wirklich kaufen. Es ist ja nur Mittel zum Zweck!) Dann werdet ihr sehen, wie charmant und rücksichtsvoll ein männliches Exemplar euch die Vorzüge und Eigenschaften seines Verkaufsgegenstandes näherbringen kann. Zur Steigerung dieses so seltenen Erlebnisses von männlicher Zuwendung, wie Frauen sie mögen, könnt ihr durchaus banale Verständnisfragen stellen und an seine hervorragende Fachkompetenz appellieren. Wenn ihr ihn dann auch noch lobt, er könne sich so gut auf weibliche Kundinnen einstellen, wird er euch zumindest für die nächste viertel Stunde aus der Hand fressen! Auch wenn ihr dann nichts gekauft habt, so werdet ihr aber mit dem Hochgefühl einer emotionalen männlichen Zuwendung den Laden verlassen. Der Tag ist gerettet! Für euch zumindest!

So ging es mir nach der Einweisung, allerdings hatte ich ja auch eine entsprechende Summe im Laden gelassen. Vielleicht war es dann ja bloß ein logischer Teil der Geschäftsbeziehung. Nichts desto trotz.

Nun sollte es losgehen, als erstes aus dem sehr engen Verkaufsgelände heraus. Da ich ja noch nicht wusste, wie die Maschine in Gebrauch reagiert, und ich nicht gleich einen Kollateralschaden verursachen wollte, bei Motorrädern nennt man den Umfaller von, sagen wir mal, zehn nebeneinander stehenden Maschinen ja Dominoeffekt, hielt ich meine Füße erst einmal recht bodennah und tastete mich langsam aus dem Gewühl heraus.

Auf dem Hof übte ich zunächst das Anfahren und Abbremsen und fuhr an der Ausfahrt gleich zehnmal Kreise im Wendehammer. Hierbei suchte ich allerdings des Öfteren die Fußrasten und die Fußbremse, da ich ja Chopper-programmiert war.

Dann fühlte ich mich einigermaßen in der Lage, mich unter die anderen Verkehrsteilnehmer zu mischen. Die Kurven aus dem Industriegelände heraus gelangen gut, mein Ehepartner sicherte mich im Auto von hinten und ich begab mich auf die Schnellstraße in Richtung Heimat. Das klingt jetzt vielleicht etwas hasenfußmäßig, aber ich hatte damit von Beginn an ein sicheres Gefühl.

Während dieses ersten Herantastens an mein neues Gefährt hatte ich bereits ein Aha-Erlebnis. Auf einmal gelangen mir große und kleine Kurven ganz einfach. Ich konnte mich mühelos in diese hineinlegen, ja sie machten mir sogar Spaß! Das Fahrgefühl mit dieser 40 kg leichteren Maschine war ein ganz anderes als mit dem schweren Chopper. Es kam bald auf Fahrradfahren hinaus, beziehungsweise als langjährige Reiterin verglich ich es mit dem Reiten eines temperamentvollen Connemara-Ponys im Gegensatz zum Kaltblut. Nicht dass ihr mich falsch versteht: Kraft und Anzug hatten alle beide, aber das Handling der leichteren nc750s war jedoch gerade im Kurvenbereich und beim sehr langsamen Fahren bedeutend einfacher als bei der Shadow. Dafür war die Shadow allerdings auf langen geraden Strecken an Bequemlichkeit nicht zu toppen, da Chopper ihre Wurzeln ja sozusagen auf den amerikanischen Highways haben. Im Laufe der folgenden Touren erwies sich mein neues Pony allerdings ebenfalls als äußerst bequem.

Für mich bedeutete der Umstieg auf eine leichtere Tourenmaschine einen Schritt in die richtige Richtung, nämlich mit meinem Mann kompatibler zu werden.

31. Das stille Örtchen

Mädels, nun kommen wir zu einer ganz und gar intimen Geschichte: dem stillen Örtchen. Zu dieser Lokalität habe ich im Laufe der Reisen eine zwiespältige Einstellung bekommen, ihr vielleicht auch. Der Besuch dieser Einrichtungen lässt sich kaum komplett vermeiden, drängt doch regelmäßig etwas nach außen, das man zuvor mit mehr oder weniger Genuss eingefüllt hat.

Nebenbei bemerkt tun Bikerinnen und Biker gut daran, ausreichend zu trinken, um eine stets hundertprozentige Konzentration zu bewirken. Immer mal wieder ertappe ich mich selber dabei, zu wenig Flüssigkeit zu mir genommen zu haben. Man sitzt dann etwas zu träge auf seinem Gefährt und es dauert womöglich einen Bruchteil einer Sekunde zu lang, bis man in einer riskanten Situation reagiert hat. Also regelmäßig: Ran an die alkoholfreie Pulle!

So weit, so gut. Aber der Körper ist auf Durchmarsch programmiert (Gott sei Dank!) und verlangt dann ebenso regelmäßig nach einem stillen Örtchen. Und damit gehen die Schwierigkeiten los. Nun finde erst einmal eine geeignete, ansprechende und gut anzufahrende Lokalität für das Bedürfnis. In der Regel bieten sich Tankstellen an. Hier gibt es zwei Kategorien: die Autobahntankstelle und die Tanke an Land- oder Stadtstraßen.

Letztere zeichnen sich dadurch aus, dass sie in der Regel wie Fort Knox gesichert sind. Nach dem Tanken (meist nutzt man ja die Pause für weitere dringende Angelegenheiten) bittet man den netten Mann hinter der Kasse um den Schlüssel fürs Örtchen. Den bekommt man ohne Weiteres, allerdings mit so unhandlichen Schlüsselanhängern wie leeren Ölflaschen, pinkfarbenen Waschmittelbehältern –

auch leer – oder DIN A 4-großen hölzernen Hinweistafeln mit der Aufschrift „Damen". Da frage ich mich doch: Wer klaut denn einen Kloschlüssel?

Nun ja, und dann gibt es wieder zwei Kategorien der Örtlichkeit, nämlich gepflegt und ungepflegt. Über die letzte, oftmals in Kombination mit der Einrichtung Abstellkammer, schweige ich mich hier aus (ihr könnt sicher nachvollziehen, was ich meine). Eine Freude ist das wirklich nicht!

Finde ich allerdings eine ansprechende, saubere Bedürfnisanstalt vor, vielleicht sogar mit abgezeichnetem Reinigungsplan, Duftspender mit Pfirsichnote und dreilagigem Papier, so tue ich meine Freude darüber anschließend bei der Abgabe des Monsterschlüssels auch kund. Auf dass dieser Zustand auch möglichst lange erhalten bleibe!

Auf der Autobahn gibt es dann wieder zwei Gruppierungen dieser Spezies: nämlich an Tank- und Rasthöfen oder aber auf Parkplätzen mit „Häuschen". Letzteres geht gar nicht! Besonders in unserem sonst so schönen Heimatland ist diese Kategorie ein absolutes Armutszeugnis!

Dann lieber warten, bis zur nächsten Raststätte mit dem ach so beliebten Sanifair-System. Zu beachten wäre dabei allerdings, dass nicht zeitgleich ein Reisebus eintrifft und das Schleusensystem dann komplett überlastet ist. An diesem ist übrigens ob voll oder leer die Stunde der Wahrheit: Habe ich genug Kleingeld? Wenn ja, dann einwerfen (hoffentlich nimmt er alle mühsam zusammen gesuchten Münzen!), Wertbon ziehen, Wertbon sicher und später wieder auffindbar verstauen und durchquetschen.

Wenn nein, dann geht mit etwas verkniffener Miene das Wechselgeschäft über die Bühne, wenn denn parallel noch ein anderer Besucher *vor* der Schleuse steht. Wenn nein,

Spurt nach oben, wechseln an einer Kasse (hoffentlich ohne zu lange Warteschlage), Spurt nach unten, einwerfen (hoffentlich nimmt er alle mühsam zusammen gewechselten Münzen!), Wertbon ziehen, Wertbon sicher und später wieder auffindbar verstauen und durchquetschen.

Wahnsinnig geärgert hatte ich mich seinerzeit über die Erhöhung des Bedürfnisgeldes um fast 50 Prozent! Auf einmal benötigte man außer dem Fünfziger noch einen Zwanziger. Und das alles für die gleiche Leistung! Aber nein, wurde mir von dem damals extra abgestellten, monatelang auf Kundenbeschwerden geschulten, adrett gekleideten Lächlerservicepersonal freundlich erklärt, man dürfe ja jetzt die extra installierten Desinfektionsspender kostenfrei nutzen! Aha. Einmal steril für 20 Cent!

Ich räume allerdings ein, dass die Sauberkeit in diesen stillen Designerpalästen äußerlich in Ordnung ist. (Keimuntersuchungen von Verbraucherschutzverbänden gaben allerdings nicht immer ein so positives Bild.) Lassen wir dies mal einfach so stehen.

Also endlich durch die Schleuse geflutscht, dann kurz orientiert: rechts oder links für kleine Mädchen? Schließlich eine freie Kabine gefunden und es kann losgehen. Falsch! Ihr müsst ja bedenken, ich habe zumindest, weil es draußen kühl war, die Motorradjacke an, das Halstuch und den Nierengurt. OK, den Helm habe ich am Motorrad gelassen, Thomas passt auf. Aber wohin mit Jacke, Nierengurt und Täschchen, das ich ja auch dabei habe wegen des Kleingeldes?

Weit und breit kein Haken in Sicht! Und der idiotische Türknopf, dessen Verschlusstechnik häufig erst einmal durchdrungen werden muss, eignet sich in keiner Weise, dort irgendetwas aufzuhängen. Na ja, dann also alles auf den Boden. Schon wird es eng.

Nun müsst ihr wissen: Ich bin ein bisschen etepetete, manche nennen es übertrieben reinlich. Ich wische den Klositz immer erst einmal mit Toilettenpapier ab, egal ob dieser selbstreinigend und desinfizierend ist. (Siehe auch Keimuntersuchung oben.) Dazu brauche ich jetzt erst einmal frisches Papier von der Rolle. Und spätestens dann fange ich an zu fluchen: Ich finde den Anfang nicht! Was, ihr kennt das Problem? Erst fingert man im Stehen von unten in dem riesigen Alubehälter und spürt doch nur eine irre große Rolle ohne Angriffsfläche. Kein Anfang in Sicht! Dann bückt man sich halb herunter und fingert weiter nach oben in dem blechernen Behältnis. Fehlanzeige! Nun in die andere Richtung: Man lässt die Rolle etwas rotieren (immer schneller, gleich hebt sie ab), doch wieder nichts. Mist! Dann eben wieder in der ersten Richtung. Irgendwann ist dann meine Geduld zu Ende und mein Zeigefingernagel bohrt sich in den Papierring. Endlich: Widerstand! Mein Mittelfinger kommt seinem Kollegen zur Hilfe und beide greifen nun energisch das widerborstige Stück. Wenn man Glück hat, kann man auf diese Weise endlich die Rolle zum Aufgeben bringen und ein Paar Blättchen abreißen. Doch das war ja alles nur Vorbereitung: Überkleidung deponiert, Sitz sauber, Reißverschluss klemmt nicht, warme Unterkleidung fachgerecht sortiert und los. Endlich!!! Meditative Musik lullt mich ein, unterbrochen von säuselnden Werbeeinlagen.

Doch dann kommt sie wieder, die Rache der Rolle: Ich brauche sie ja nun noch einmal. Es geht von Neuem los: Ich finde den Anfang nicht! Ich fingere, diesmal im Sitzen in dem riesigen Alubehälter und spüre doch nur eine irre große Rolle ohne Angriffsfläche. Kein Anfang in Sicht! Ich fingere weiter ….. und weiter und so weiter.

Gerne würde ich ja mal eure Erfahrungswerte mit dieser Abrolltechnik hören. Geht es euch auch so oder ist dies nur mein spezielles Problem? Man redet ja gewöhnlich nicht über so intime Dinge. Aber eigentlich ist es ja nur ein rein technisches Problem. Interessieren würde mich auch: Haben Männer das gleiche Problem? Okay, natürlich nicht so oft, aber ab und zu? Hat schon mal ein Mann in dem Kämmerlein den ganzen Behälter abgenommen, gegebenenfalls mit extra für diese Situation mitgebrachtem Bordwerkzeug, um an die Verschlusssache zu kommen? Ich warte gespannt auf eure Erfahrungen und Lösungsvorschläge im Netz!

Endlich gab also die Rolle auf und es ging ans Spülen. Nun ist auch hier die Technik so fortgeschritten, dass man erst einmal herausfinden muss, wie die Sache funktioniert. Durch Drücken? Durch Sensor? Oder etwa erst beim Öffnen der Tür? Das ist schon etwas für gehobene Ansprüche! Ähnlich die Technik des Waschbeckens und der Seifenspender. Auch hier steht Frau bisweilen ratlos vor der Waschschüssel und versucht die Materie zu durchdringen. (Oftmals nicht als Einzige!) Lichtschranke? Drücker? Fußpedal? Oder gar durch verbales Absetzen eines Notspruchs wie „Wasser marsch"??

Zuvor hatte die Bikerin wieder das bekannte Hakenproblem: Nein, kein Haken für die Motorradjacke, der Boden ist nicht astrein, also Jacke anlassen, die besonders langen Ärmel ein wenig zwischen Ellbogen und Rippen gerafft, dazu auf die Zehenspitzen gestellt, weil sonst Weg zum Wasser zu weit, Flüssigseife mit Müh und Not erreicht, dann Hände gewaschen und ….Ausatmen!

Jungs, falls ihr das lest: Ihr macht euch ja gar keine Vorstellung davon, wie anstrengend und körperlich bis an die Grenzen führend für manche Frau der Gang zum stillen Örtchen ist! „Gekrönt" wird dann das unterirdische Erlebnis später durch so unüberlegte Bemerkungen des Partners wie „Na endlich!". Kein Mann kann verstehen, dass dieser Gang für Frauen nicht der Entspannung dient, sondern einen total fix und fertig machen kann!

Abschließend kommt es noch zur ernsthaften Überlegung, wie ich denn meinen Wertbon am besten investiere. Man hat ja schließlich nichts zu Verschenken. Nun bekommt man für 50 Cent (die anderen 20 Cent waren ja fürs Desinfizieren!) nicht die pralle Masse. Also tut man gut daran, die Bons zu sammeln, um sie bei anderer Gelegenheit im Pack einzulösen, um wenigstens die Hälfte eines Cappuccinos zu erhalten. Ihr wisst ja selber, wie die Preise an Raststätten inzwischen utopische Ausmaße angenommen haben. Doch leider sind die Dinger dann entweder nicht griffbereit, völlig verblichen oder auch schon abgelaufen. Anscheinend alles eine Marketing-Strategie der Klo-Mafia!

Nein, so langsam bin ich nicht mehr bereit, dieses Spiel mitzuspielen! Dann wird wieder die gute alte Thermoskanne Kaffee mitgenommen und die freie Natur zum stillen Örtchen erklärt. Da ist auch die Musik schöner in Form von Vogelgezwitscher! (Nee, geht leider auch nicht: Umweltschutz!)

32. Ich hasse Schotter!

Liebe Leserinnen, jetzt mal ganz unter uns: Ist euch jede Straße mit jedem Untergrund gleich sympathisch? Oder macht ihr euch auch Gedanken, wenn die Strecke mal nicht so perfekt daherkommt? Wenn ja, dann geht es euch so wie mir. (Falls jetzt ein männlicher Leser, ein natürlicher Alleskönner, bis zu diesem Kapitel vorgedrungen sein sollte, was ich ganz großartig fände und was eigentlich eine Belohnung verdient hätte, so möge dieser die folgenden Zeilen mit Nachsicht verfolgen. Schmunzeln ist erlaubt, aber totlachen oder die „Typisch-Frau-Masche" stricken wäre dem Ernst der Lage nicht angemessen!)

Für mich jedenfalls bedeuten Schlaglöcher – und davon haben wir in unserer Gegend jede Menge und monatlich immer mehr – eine nicht zu unterschätzende Beeinträchtigung des harmonischen Fahrgefühls. Ebenfalls ätzend finde ich Kilometer lange Längsrillen, verursacht von immer gewaltigeren landwirtschaftlichen Fahrzeugen und verbunden mit eklatanten Abbrüchen zum Fahrbahnrand. Ferner bereiten mir auch Frostaufbrüche, meistens ebenfalls in Längsrichtung und bisweilen mit spiegelglattem Bitumen provisorisch geflickt, Schwierigkeiten und auch Querwellen, meist am Hang vom Bremsen schwerer Fahrzeuge auf heißem Asphalt verursacht. Ich kann dort einfach nicht so unbeschwert und locker das Fahren genießen, sondern muss entweder um die Löcher herumkurven, bei Abbrüchen ziemlich zur Straßenmitte fahren oder vermeiden auf den Bitumenrillen zu rutschen. Insgesamt keine wahre Freude und Entspannung. Besondere Konzentration verlangen natürlich auch engste Kehren, insbesondere verbunden mit starker Steigung. All dies ist aber noch nichts gegen mein persönliches Horrorszenarium: ... Schotter! Gesteigert nur noch durch Schotterpisten mit engsten Kehren, Steigung und Längsrillen. Igitt!

Wie ihr ja bereits wisst, bin ich nicht die Größte; was sage ich, ich bin ja eher der Zwergentyp. Zwar komme ich auf meiner neuen Maschine dank Tieferlegung derselben und Erhöhung meiner Treter mit den Füßen auf den Boden, doch hat meine bessere Hälfte mit seinen Maßen und seiner Körperkraft ganz andere Möglichkeiten der Fahrzeugbeherrschung. Aber dafür fährt er ja auch selber heute inzwischen eine höhere BMW GS, geländetauglich. Ich dagegen habe keine Enduroambitionen; mir reicht das Tourenfahren in schöner Landschaft.

Nach diesen Vorbemerkungen nun mein Schottererlebnis in Spanien, verbunden mit Roberto. Nein, ich habe keinen Neuen! Mein Mit-durchs-Leben-Reisender ist nach wie vor Thomas. Dennoch habe ich mein Herz an Roberto verloren. Besser gesagt: Wir beide haben ein Herz für Roberto!

In den Cantabrischen Cordillieren nach Umrundung der Iberischen Halbinsel: Wir waren auf dem Weg von León, einer kleineren, historischen spanischen Stadt mit wunderbarer Kathedrale, zu unserem nächsten Etappenziel, den Picos de Europa. Vorbei ging es an riesigen Talsperren, in deren glattem Wasser sich die weißen Gipfel der Cordillieren spiegelten.

Die Straßen waren traumhaft. Sie führten geschwungen am Wasser entlang und waren von tadelloser Qualität. Das Fahren lud fast zum Meditieren ein; Mensch, Maschine und Natur vollkommen im Einklang! Ich hätte noch hunderte Kilometer so weiter dahingleiten können.

Dann meldete sich Thomas´ Navi: „An der nächsten Einmündung rechts abbiegen!"

Wir hatten zuvor die Strecke per altehrwürdiger Landkarte gesichtet und festgelegt. Es gab tatsächlich eine Verbindung über eine Bergkette, dargestellt durch eine Straße weißer Ordnung. Dies entspricht der kleinsten Kategorie, was uns aber nicht bedenklich erschien, waren wir doch zuvor im großen Spanien des Öfteren weiße Sträßchen gefahren. Diese waren dann zwar schmal aber auch sehr idyllisch und häufig besser als die Straßen in unserer rheinland-pfälzischen Heimat. Also folgte ich meinem Pfadfinder voller Zuversicht. Der Abzweig führte durch ein herrliches Hochtal. Rinderherden grasten friedlich vor sich hin und ab und zu meldete sich ein Raubvogel auf der Suche nach Nahrung. Die Straße war schmal aber gut und wir kamen voran. Nach etwa 20 Kilometern eine kleine, verschlafene Ortschaft, bestehend aus lauter Bauernhöfen und einer Kirche, dann wieder Idylle pur. Kein Fahrzeug weit und breit. Nach weiteren 25 Kilometern wieder ein Dorf, ebenfalls mit kleiner Kirche. Das Sträßchen führte im Ort scharf nach rechts, dann nach links und …. Ende.

Kein Mensch weit und breit. Laut Navi verlief die Straße genau so weiter wie bisher, aber eben in Kurven. Es gab auch kein Sperrschild, das uns die Durchfahrt verwehrte. Dennoch war es für mich das Ende. Das Ende der Welt sozusagen. Schließlich erblickten meine bis dato auf Entspannung gepolten Augen nur noch eins: Schotter!

Meine erste Reaktion: „Nee, nicht mit mir!"

Wir hatten bereits angehalten und nach nur einer Minute standen wir im eigenen Saft. Die Sonne brannte auf uns herab, es hatte etwa 35 Grad und kein Schatten in Sicht. Ich verweigerte sozusagen wie ein Springpferd, das den Wassergraben nicht überwinden will. Warum? Gut, das Springpferd hatte früher die Erfahrung gemacht, dass es nass werden kann. Ich dagegen hatte bei zwei Ich-will-auf-Schotterparkplätzen-bremsen-Erfahrungen negativer Art für mich beschlossen: „Nie wieder Schotter!" Thomas war hin- und hergerissen und damit ratlos.

Nun kam dazu, dass nicht nur die Situation als solches an den Nerven zerrte, sondern auch die knallheiße Sonne, der fehlende Schatten, und ... Hasso.

„Wieso Hasso?", fragt ihr euch zu Recht. Ihr hattet ja jetzt mit Roberto gerechnet. Fast richtig.

Aber vor Roberto wurden wir am Ende der Welt von Hasso bemerkt, einem schwarzen Rehpinscher mit der Kläfflautstärke eines Dinosauriers. Und Hasso, den Namen erfuhren wir dann später, kläffte sich bald die Hundestimmbänder aus dem Hals, weil doch sonst niemand, wirklich niemand, seine Hunderuhe am Ende der Welt störte. Und nun gleich zwei komisch gekleidete Menschenwesen auf donnernden Ungetümen. Armer Hasso!

Aber Hasso wurde mit seinem Verhalten seiner Rolle als „imposanter" Wachhund natürlich gerecht. Denn nach einer Weile erschien sein Herrchen, ein älterer Mann mit schütterem Haar in ländlicher Kleidung. Roberto, wie sich später herausstellte. Wir grüßten freundlich und er begann ein nettes Gespräch. Allerdings verstanden wir zunächst nicht viel, da er, wie die meisten Einheimischen, lediglich Spanisch sprach. Bald war klar: Wir kamen nur mit ein wenig Italienisch weiter, da es hier viele sprachliche Ähnlichkeiten mit dem Spanischen gab. Auch Roberto kam mit dieser Art der Unterhaltung zurecht: Er sprach Spanisch in einfacher und langsamer Variante, wir unser Touristenitalienisch. Und das, was vokabelmäßig und grammatisch fehlte, kombinierten wir mit einem gesunden Menschenverstand. Zwischendurch meldete sich immer wieder Hasso und nahm dabei bedauerlicherweise keine Rücksicht auf unsere interkulturelle Kommunikation.

Neben allgemeinen Floskeln ging es uns darum zu erfahren, ob man die Schotterpiste überhaupt weiterfahren konnte oder ob es ratsam wäre umzukehren. Immerhin müssten wir dann zunächst die 55 gefahrenen Kilometer weiße Straße zurückfahren, um dann in einem großen Bogen von zirka 80 Kilometern den Punkt zu erreichen, den unser Navi, das geborene Optimistengerät, mit lediglich 16 Kilometern auswies. Roberto verstand unser Anliegen und erklärte gestenreich, dass es überhaupt kein Problem für Motorräder wäre, die Piste zu bewältigen. Er sei schließlich früher auch auf zwei Rädern über den Berg gefahren. Das ginge ganz gut. (Später sahen wir dann sein Motorrad unter einem verfallenen Schuppen stehen: ein Fahrrad mit Hilfsmotor mit geschätztem Baujahr 1950.)

„Wieso, welchen Berg denn?", schoss es mir durch den Kopf. Schließlich befanden wir uns – noch – in einem beschaulichen Tal, das ganz entspannt zu befahren war. Auf meine Rückfrage hin erklärte der Alte so etwas wie „Kein Problem mit Motorrad."

Ich wurde immer unruhiger und Thomas schien meine Zweifel ernst zu nehmen. Dann hatte er eine Idee: Er wollte mit meiner kleinen Maschine die Lage testen und ein paar Kilometer die unbekannte Wildnis ergründen, bevor ich mit meiner Schotterhemmung und er mit seiner vollbepackten, schwerpunktungünstigeren GS das Abenteuer wagten. Gesagt, getan. Er ließ mich bei Roberto zurück und spielte den Kundschafter. Mein Held! Mein Winnetou! Ich war stolz auf ihn.

Zwischenzeitlich unterhielt ich mich noch etwas mit Roberto, dem die sengende Sonne offenbar rein gar nichts ausmachte. Klar, war er ja auch gewöhnt, während es mir immer heißer wurde. Ich dachte schließlich schon, meinem Pfadfinder wäre etwas zugestoßen, als ich ihn, beziehungsweise mein Gefährt, langsam zurückkommen hörte.

„Eigentlich müsste es klappen", so seine erste Reaktion auf meinen fragenden Blick hin.

Zwei Dinge hätten mich dabei sofort stutzig machen müssen: das Wort „eigentlich" und der Konjunktiv. Hatte ich aber offenbar überhört.

„Wir fahren ganz vorsichtig nur im ersten Gang, dann kann nichts schiefgehen. Und wenn es eng werden sollte, helfe ich dir", so Thomas weiter.

Roberto hatte wohl den Sinn der Ansage verstanden und untermauerte nochmals mit einem energischen „Kein Problem für Motorrad!"

Dann überkam ihn die sprichwörtliche südländische Gastfreundschaft und er lud uns spontan zu sich auf einen Kaffee ein. Wir ließen unseren angedachten Zeitplan sausen und nahmen seine Herzlichkeit gerne an. Beim Betreten des Gärtchens musste allerdings Thomas Bikerhose erst einmal einen Härtetest aushalten: Wachhund Hasso biss sich spontan im rechten Hosenbein fest. Als er jedoch mitbekam, dass es dort nichts Leckeres zu fressen gab und seine Monstershow auch nicht beeindruckte, trottete er enttäuscht seinem Herrchen in die Küche nach. Zuvor hatte uns Roberto noch auf einer Bank im Schatten Platz nehmen lassen. Wir hatten schon ein schlechtes Gewissen, einem älteren, wie sich später herausstellte 84jährigen Herrn Arbeit zu machen, aber es hätte sich auch nicht gehört, seine Gastfreundschaft auszuschlagen. Bald kam der Hausherr mit Tassen und einer Kanne zurück und goss uns etwas zittrig das tiefschwarze Gebräu ein. Er erklärte, dass noch das Wichtigste fehle und holte sogleich noch eine Flasche Brandy aus der Küche. Ich lehnte dankend ab, aber Thomas kam nicht herum, einen ordentlichen Schuss „Veredelung" in seine Tasse zu bekommen.

Dann erzählte uns Roberto von seinem Leben als Kleinbauer, seiner verstorbenen Frau und von den Kindern, die längst in die Stadt gezogen waren. Schließlich baten wir um ein Foto zur Erinnerung. Dazu setzte er sich ganz stolz als ehemaliger Matrose seine Marinemütze auf und ließ sich mit dem „verrückten Deutschen" ablichten.

Der Abschied fiel schwer, hatten wir doch diesen wildfremden Menschen, der uns spontan so nett bewirtet hatte, in unser Herz geschlossen. Aber wir hatten ja noch einiges vor uns. Wie wahr, wie wahr! Denn waren die ersten 500 Meter der Schotterpiste noch einigermaßen eben und breit, so entwickelte sich die Strecke bald zu einer regelrechten Passstraße mit Kehren und ausgewaschenen Längsrillen. Abgrund und Felsbrocken inklusive! Bereits an der ersten Kehre verließ mich mein Mut, ich stieg ab und Thomas musste mein Motorrad um die Kurve fahren. Bei 35 Grad im Schatten lief er also zurück, ich später wieder voran. Das gleiche Spiel bei etlichen anderen Tornati. Die Kleidung klebte am Körper, der Schweiß rann über die Wimpern direkt auf die Lippen. Ich war kurz vor einer Panikattacke, mein Angetrauter massiv genervt. Ein Zurück gab es jedoch auch nicht mehr, wir waren schließlich mitten in der Katastrophe. Nach einer Stunde waren wir auf der Passhöhe, die gefühlte Durchschnittsgeschwindigkeit betrug etwa 3 Stundenkilometer.

Aber auch bergab gab es für mich keine Entwarnung, da die Kehren absolut ungesichert waren und der Abgrund gähnte. Klar, machte mir mein Thomas trotz seiner eigener

Anstrengung, meine Maschine immer wieder zu bewegen, Mut und tröstete mich mit der Aussicht auf eine lange Pause, wenn wir es geschafft hätten. Dennoch war es für mich als Schotterhasserin die Hölle.

Schließlich, nach zwei Stunden für 16 Kilometer, hatten wir endlich wieder Asphalt unter den Reifen und hielten erst einmal an einem kleinen Bachlauf an. Ich pellte mich aus meiner Kombi und wrang erst mal mein schweißdurchtränktes T-Shirt aus. Dann kühlten wir uns im Bach ab und gönnten uns eine ausgiebige Schattenpause. Thomas meinte noch, ich solle doch jetzt stolz sein, es geschafft zu haben. War ich aber nicht. Hätte ich gewusst, was auf mich zukam, hätte ich viel lieber den langen Umweg in Kauf genommen und wäre entspannt am Ziel angekommen. Dann allerdings, wären wir sofort umgekehrt, hätten wir womöglich Roberto gar nicht kennengelernt. Und das wäre schade gewesen.

Zwei Monate später, von zu Hause aus, hatte ich dank Google Earth Robertos Adresse recherchiert und ihm in einem Brief das Foto mit ein paar spanischen Zeilen, die ich mir mit Hilfe des Wörterbuchs zusammengereimt hatte, geschickt. Statt seines unbekannten Nachnamens mussten ein paar Punkte herhalten. Der Brief kam nie wegen Unzustellbarkeit zurück. Daher hoffe ich, dass der freundliche Alte die Post erhalten hat und sich ein wenig freuen konnte.

Und meine Abneigung gegen Schotter? Tja, Mädels, ich gab nicht auf und habe daran gearbeitet. Schließlich werden ja auf jeder Reise wieder Parkplätze und Campingareale mit dem ungeliebten Untergrund auf mich zukommen. Und wie es der Zufall wollte, bot etwa einen Monat nach unserer Rückkehr Astrid einen Schotterkurs an. Und tags darauf einen Kurs „slow- motion". Also beides genau passend für meine Schwachstellen. Astrid ist ehemalige Fahrlehrerin, lange Jahre auch für Motorrad, und zudem Psychotherapeutin. Für Mädels die ideale Konstellation! Für die harten Männer vielleicht etwas außergewöhnlich unter dem Motto „Lass mich doch mit dem Psychokram in Ruhe!". Aber wir Frauen wissen doch alle, dass gerade Motorradfahren ganz viel mit dem Kopf zu tun hat! Blockaden gibt es mannigfaltige, bei der einen ist es Regen, bei der anderen das Bremsen und bei mir eben der Schotter. Allein der Anblick einer solchen Katastrophe wirkt sich auf den Körper aus: Frau verspannt, reagiert falsch und schon ist es passiert. Wir Mädels eben! (Oder geht es den Männern etwa ähnlich?)

Beim Bikercoaching unter gleichgesinnten Frauen wurde uns also in einem Steinbruch ganz behutsam die Angst vor nicht asphaltiertem Untergrund genommen. Tags darauf spielte sich beim „slow-motion"-Kurs alles deutlich unter einer Geschwindigkeit von 10 Stundenkilometern ab. Unter anderem das Horrorszenarium „Auf der Straße wenden". Auch hier war meine Haltung zuvor von einer Schockstarre geprägt.

Und nun kommt´s: Bei unserer folgenden Reise über die Alpen nach Kroatien fuhr ich Kehren, Kurven und auch Schotterparkplätze auf einmal viel entspannter und damit viel sicherer und erfolgreicher. Und, was soll ich euch sagen, die Kehren und Kurven machten sogar Spaß! Und auch der Schotter verlor seinen Schrecken. Ich liebe ihn zwar (noch) nicht, aber vielleicht kommt das beim nächsten Kurs? Aber dafür liebe ich Roberto!

33. Ausblick

Und wie wird es weitergehen?

Noch viele Ziele schwirren in unseren Köpfen herum: Sizilien, Schottland, Irland, eine Ostseeumrundung bis hin zu einer Reise nach Kappadokien. Leider müssen heute vermehrt politische Situationen berücksichtigt werden, um die Sicherheit nicht zu sehr aufs Spiel zu setzen.

Bisher haben wir es immer genossen, mit den Bikes von zu Hause zu starten und dorthin wieder zurückzukehren. Irgendwie machte dies die Reise komplett. Bereits der erste Tag war dann schon Teil des großen Abenteuers. Aber vielleicht werden wir eines Tages bequemer und lassen unsere Fahrzeuge ein Stück weit transportieren. Mal sehen.

Denn so lange, wie wir noch fit sind, stehen Reisen ganz oben auf unserer „Agenda". Offenbar macht das Ungewisse, das Überraschende für uns einen großen Lebensreiz aus. Gepaart ist dies sicherlich mit der Begegnung mit den unterschiedlichsten Menschen, die wir auf unseren Touren treffen. Wir freuen uns wieder auf viele aufgeschlossene, freundliche und hilfsbereite Fremde, die zu Freunden werden. Gerade sie lassen uns in der heutigen Zeit den Glauben an eine doch überwiegend positive Menschheit nicht verlieren.

Und zu uns persönlich: Mit regelmäßigem Sport, einer maßvollen Ernährung und geistigen Herausforderungen wie Informationsbeschaffung, Planung und Organisation versuchen wir Körper und Geist für unsere Vorhaben fit zu halten.

Dann steht der nächsten Reise als SFin nichts mehr im Wege.

Durchhaltevermögen (Dank 1)

Liebe Leserinnen,
euch sage ich „Danke", dass ihr euch auf mein Buch eingelassen habt! Solltet ihr schon selber fahren, so wünsche ich euch viele schöne, unfallfreie Touren hinter dem Lenker. Seid ihr noch Sozia, so habt viel Fahrgenuss mit eurem Reisepartner. Und falls ihr bisher lediglich optisches Interesse an Bikes empfindet: Traut euch ruhig, einen Schritt weiter zu gehen und aufzusteigen. Es lohnt sich!

Liebe Jungs,
euch danke ich, dass ihr bis zum Ende durchgehalten habt! Auch euch wünsche ich natürlich allezeit gute Fahrt! Vielleicht ist das Buch für euch Anlass, mit eurer Partnerin das ein oder andere Mopped-Thema aus zweierlei Sicht zu betrachten. Das würde mich besonders freuen, zeigte es doch, dass Männer und Frauen (Gott sei Dank) unterschiedlich empfinden und ihr damit klar kommt.

Liebe Leserinnen und Leser,
sollte euch jetzt nach dem Lesen des Buches irgendetwas auf der Seele brennen, das ihr mir unbedingt mitteilen oder mich fragen wollt, so würde ich mich freuen, wenn ihr mich auf meiner Homepage besucht: www.ex-sozia.de

Antriebstechnik (Dank 2)

„Ich liebe Roberto" ….. und natürlich Thomas, der mich angetrieben hat, überhaupt auf den Sattel eines motorisierten Fahrzeugs und schließlich auf zwei Räder umzusatteln.

Angetrieben haben wir uns zudem gemeinsam zu den tollen, erlebnisreichen Touren in Europa. Gegenseitig treiben wir uns immer wieder an uns zu informieren, sei es über neue Maschinen, gut durchdachte Kleidung oder aktuelle Navigationstechnik. Diese Infos bekommen wir aus Fachzeitschriften, bei Messebesuchen oder, am häufigsten und effektivsten, in Gesprächen mit Gleichgesinnten.

Dann treiben wir uns mit sanfter Gewalt immer wieder an, regelmäßig etwas für die Fitness zu tun. Auf dass man beweglich, koordinationsstark und gleichgewichtsbewusst bleibt.

Also, danke Thomas, für deinen Antrieb – und letztlich auch für dieses Buch! Und danke für deine Hilfe bei der Ideenfindung und der Korrektur.

Geisterstunde (Dank 3)

Dann gab es da noch jede Menge guter Geister, die mir nicht nur *eine* Stunde ihrer Zeit geschenkt haben. Danke besonders an Anke, Karin und Kerstin, die meinen Entwurf gegengelesen und korrigiert haben. Es freut mich, dass ihr das „Örtchen-Thema" auch kennt!

Danke an Alex für die vergnügliche Fotosession!

Danke an Martin Schempp für seine inhaltlichen Tipps!

Danke an Achim für seine Gestaltungsideen!

Danke auch an alle Freunde und Bekannten, die mir zwischendurch immer Mut gemacht haben durchzuhalten.

Und schließlich danke an alle Beteiligten, die mich zum Schreiben der Geschichten durch unsere Zusammentreffen auf Reisen oder zu Hause animiert und inspiriert haben, zum Beispiel Harley-Fahrer Willi, Fahrlehrer Martin, Spanier Roberto, Bikercoach Astrid und die vielen anderen.

Nachgeschaltet von Thomas (Dank 4)

Ja ja, so entwickeln sich die Dinge und die Emanzipation macht noch nicht einmal vor dem Motorradfahren halt ... So schwinden langsam auch die letzten Männerdomänen und was bleibt uns dann noch: Die Bewunderung unserer besseren Hälften, oder sollte man sagen, unserer besseren Zweidrittel?

Aber so ideologisch muss man die Dinge nun wirklich nicht sehen. Ist es nicht vielmehr so, dass es am besten ist, in einer Beziehung ein gemeinsames Hobby zu haben und schöne Dinge miteinander zu erleben? Das Motorradfahren gehört sicher dazu!

Was kann ich empfehlen? Leute (männlich und weiblich) genießt das Leben! Hört auf, euch gegenseitig in Schubladen zu stecken, diese zu verschließen und den Schlüssel wegzuwerfen. Ist es nicht viel belebender sich auszutauschen und ggf. auch zu hinterfragen?

Wichtig ist, dass wir gemeinsam Spaß haben und schöne Dinge entdecken, wahrnehmen und „speichern". Wichtig ist allerdings auch, dass die Fahrzeuge und –stile einigermaßen zusammenpassen.

Zum Buch selbst: Meine Frau hat beim Schreiben schon viel Freude gehabt, ich beim Lesen... auch wenn ich vielleicht manchmal nicht so ganz gut weggekommen bin... Gerne habe ich mich wieder an so manch gemeinsames Erlebnis erinnert.

Und was wünsche ich uns allen zum Schluss? Dass wir uns vielleicht irgendwo treffen, gute Gespräche haben und das Leben genießen. In diesem Sinne: Die Linke zum Gruß!

Danke, mein Schatz, für das schöne Buch!

Über die Autorin

Ulla Kugler (Jahrgang 53) war beruflich vielseitig tätig: Nach dem Studium arbeitete sie als Sport- und Tanztrainerin, freiberufliche Journalistin, Grund- und Hauptschullehrerin sowie als Schulleiterin. Lange Jahre war sie hoch zu Ross im Westerwald unterwegs, bevor sie den Sattel des Pferdes mit dem eines Motorrads tauschte. Mit ihrem Mann unternimmt sie seit ein paar Jahren ausgedehnte Touren durch ganz Europa.

Motorrad-Abenteuer
im Highlights-Verlag

Traumjob Motorradfahren

Sylva Harasim

Print-ISBN: 978-3-933385-69-7
eBook-ISBN: 978-3-945784-05-1

Sylva Harasim und Martin Schempp
plaudern aus dem Nähkästchen

Motorrad-Himmel oder Motorrad-Hölle? Wer schon immer davon geträumt hat, im Motorradsattel sein Geld zu verdienen, erfährt in dem Taschenbuch »Traumjob Motorradfahren« aus erster Hand, wie es hinter den Kulissen der Motorrad-Branche aussieht. Sylva Harasim hat ihr Hobby zum Beruf gemacht: Zuerst als angestellte Fotografin und Grafikerin bei den Zeitschriften Enduro und Tourenfahrer, dann als selbständige Verlegerin im Highlights-Verlag. Nicht alles lief auf diesem Weg glatt, und oft wurde aus dem Motorrad-Himmel die Motorrad-Hölle. In diesem Buch gibt Sylva Harasim Einblicke in die Welt des Motorrad-Journalismus und des Redaktionsalltags, erzahlt Geschichten aus einem ungewöhnlichen Leben rund ums Motorrad. Mal witzig, mal spektakulär. Voller Hindernisse, Komplikationen, Hürden und Fallen. Teilweise unglaublich – aber immer wahr.

Motorrad-Abenteuer
im Highlights-Verlag

Jakobsweg
Holger Janke
Ein Pilger im Motorradsattel

Print-ISBN: 978-3-933385-56-7
eBook-ISBN: 978-3-945784-06-8

Mit der Enduro auf dem berühmtem Pilgerweg

Ist das Leben Stillstand oder Veränderung? Veränderung, sagt Holger Janke. Er nimmt sich fünf Wochen Auszeit, fährtmit seinen Enduro auf dem historischen Jakobsweg von Hamburg über die Schweiz nach Santiago de Compostella und danach auf einer weiteren Zubringerroute über Frankreich zurück nach Hause.
Auf dieser 7.000 Kilometer langen Reise erlebt er die ganze Bandbreite des Motorradfahrens und des Pilgerns. In den Alpen durchnässt ihn der April-Regen, in den Pyrenäen verirrt er sich im Schnee, und die schmalen Wanderpfade vor Santiago de Compostella lehren ihn, dass der Jakobsweg seine ganz eigenen Gesetze hat, und dass der Motorradpilger trotz grobstolliger Enduroreifen manchmal nicht mehr weiterkommt.
Auf einsamen Wegen durchstreift Holger Janke herrliche Gebirgsregionen, übernachtet in heimeligen Rifugios, lernt tolle Menschen und vor allem sich selbst kennen.